**共青团西南交通大学
委员会**

西南交通大学第二课堂
质量保障工作手册

主　编　罗妍妍

副主编　樊治辰　李振宇　代　宁　朱　炜　李　娜

编　委　任凯利　郑　源　张敬文　冷　伟　徐　洁

西南交通大学出版社
·成　都·

图书在版编目（CIP）数据

西南交通大学第二课堂质量保障工作手册 / 罗妍妍
主编. —成都：西南交通大学出版社，2021.6
ISBN 978-7-5643-8058-8

Ⅰ. ①西… Ⅱ. ①罗… Ⅲ. ①西南交通大学 – 第二课
堂 – 教学质量 – 质量管理 – 手册 Ⅳ. ①G642.421-62

中国版本图书馆 CIP 数据核字（2021）第 115098 号

Xinan Jiaotong Daxue Di-er Ketang Zhiliang Baozhang Gongzuo Shouce
西南交通大学第二课堂质量保障工作手册

主　编 / 罗妍妍　　　　　　责任编辑 / 李芷柔
　　　　　　　　　　　　　　封面设计 / 墨创文化

西南交通大学出版社出版发行
（四川省成都市二环路北一段 111 号西南交通大学创新大厦 21 楼　610031）
发行部电话：028-87600564　　　028-87600533
网址：http://www.xnjdcbs.com
印刷：四川煤田地质制图印刷厂

成品尺寸　185 mm×260 mm
印张　6　　字数　134 千
版次　2021 年 6 月第 1 版　　印次　2021 年 6 月第 1 次

书号　ISBN 978-7-5643-8058-8
定价　35.00 元

为进一步贯彻落实习近平总书记关于教育的重要论述和关于青年工作的重要思想，西南交通大学始终以立德树人为根本任务，全面推进素质教育，在全员育人、全方位育人、全过程育人进程中积极探索大学生第二课堂建设，不断积累经验，不断深化高校共青团"第二课堂成绩单"制度，不断强化第二课堂的思想政治引领功能，引导广大青年不断增强"四个意识"、坚定"四个自信"、做到"两个维护"，全面提升大学生综合素质。

西南交通大学坚持以学生成长发展为中心、以网络平台为支撑、以项目建设为核心、以队伍建设为重点、以规范管理为保障，将"第二课堂成绩单"制度主动融入人才培养体系、"三全育人"综合改革和"大思政"工作格局，逐步健全完善与第一课堂深度融合、相辅相成的人才培养模式，促进第二课堂成为第一课堂的有效延伸，实现第二课堂与第一课堂互动互融、互补互促，让学生开阔视野、增长智慧，在实践中巩固理论知识，培养学生的创新精神和实践能力。西南交通大学"第二课堂成绩单"制度注重将理想信念、政治素养、道德品质、能力素质等育人成效显性化，为青年人才政治举荐、表彰激励、求职升学和高校人才培养质量评价、学科评估等提供重要依据，为提升高等教育质量、深化高校共青团改革、创新人才培养模式提供重要支持。

为切实发挥好共青团服务学校立德树人的根本任务和人才培养中心工作的重要作用，准确把握新发展阶段，深入贯彻新发展理念，加快构建新发展格局，主动迎接新时代中国高等教育面临的挑战与机遇，主动思考培养德智体美劳全面发展的社会主义接班人，培养能堪当民族复兴大任的时代新人的时代课题。结合学校实际，将西南交通大学第二课堂质量保障体系运行实践成果进行总结与分析，编制成此书，希望于对高校共青团"第二课堂成绩单"制度工作提供客观参考。

本书的编写，感谢共青团的各级领导、前辈的指点、关心和帮助，感谢学校自 2013 年以来历任团委书记的积极探索，感谢学校第二课堂专门工作委员会全体成员辛勤工作，感谢学校全体专兼职团干部们一直以来的辛苦付出，相关人员在书中未能一一注明，在此一并致谢。

受编写时间不够充分、编者理论水平所限，本书不足之处在所难免，敬请专家学者批评指正。

编 者

2021 年 5 月

目 录

第一章　西南交通大学第二课堂质量保障体系

一、第二课堂质量保障体系建设的重要性 ……………………… 2

二、西南交通大学第二课堂质量保障体系的价值与目标 ……… 3

三、西南交通大学第二课堂质量保障体系的探索与实践 ……… 3

四、西南交通大学第二课堂质量保障体系的总体构架 ………… 4

五、西南交通大学第二课堂质量保障体系的评估方式 ………… 7

六、西南交通大学第二课堂质量保障体系的评估环节 ………… 7

七、西南交通大学第二课堂质量的持续改进 …………………… 8

附录 1-1：关于在高校实施共青团"第二课堂成绩单"制度的意见

中青联发〔2018〕5 号 ……………………………… 10

附录 1-2：西南交通大学"第二课堂成绩单"制度实施办法

西交校〔2020〕24 号 ……………………………… 13

第二章　西南交通大学第二课堂项目体系

引　言 ……………………………………………………………… 18

一、思想政治与道德素养类项目 ………………………………… 19

二、学术科技与创新创业类项目 ………………………………… 28

三、艺术体验与审美修养类项目 ………………………………… 33

四、文化沟通与交往能力类项目 ………………………………… 39

五、心理素质与身体素质类项目 ………………………………… 45

六、社会工作与领导能力类项目 ………………………………… 50

七、社会实践与志愿服务类项目 ………………………………… 55

附录 2-1：西南交通大学第二课堂项目管理办法（试 行）…… 63

附录 2-2：西南交通大学大学生综合素质提升（共青团第二课堂）课程大纲 70

附录 2-3：西南交通大学第二课堂考核指标（二级团组织）………… 72

附录 2-4：第二课堂课程信息修改申请表 ·············· 73

附录 2-5：西南交通大学第二课堂项目申报书 ·············· 74

附录 2-6：西南交通大学第二课堂项目申请及预算审批表 ·············· 78

附录 2-7：西南交通大学第二课堂项目过程评估表 ·············· 79

第三章 学生成长

一、西南交通大学学生成长目标 ·············· 82

二、学生参与第二课堂获取学时构成 ·············· 82

三、学生参与第二课堂项目流程 ·············· 82

四、学生参与第二课堂项目学时给定 ·············· 83

五、第二课堂成绩单评价与应用 ·············· 83

附录 3-1：西南交通大学第二课堂学生管理办法（试行） ·············· 85

附录 3-2：西南交通大学第二课堂成绩单示例 ·············· 88

第一章

西南交通大学第二课堂
质量保障体系

一、第二课堂质量保障体系建设的重要性

高等教育承担着培养高级专门人才、发展科学技术文化、促进现代化建设的重大任务。我国高等教育快速发展，对人才培养提出了更高的要求，高校第二课堂在提升学生核心素养方面发挥着重要作用。共青团"第二课堂成绩单"制度是充分借鉴第一课堂教学育人机理和工作体系，整体设计高校共青团工作内容、项目供给、评价机制和运行模式，实现共青团组织实施的思想政治引领、素质拓展提升、社会实践锻炼、志愿服务公益和自我管理服务等第二课堂活动的科学化、系统化、制度化、规范化，实现高校学生参与共青团第二课堂可记录、可评价、可测量、可呈现的一整套工作体系和工作制度。实施共青团"第二课堂成绩单"制度是落实习近平总书记提出的"要重视和加强第二课堂建设"的重要要求，推动高校思想政治工作改革创新，创新中国特色社会主义教育制度的积极举措；是适应高等教育综合改革，全面落实立德树人根本任务，全面实施素质教育的必然要求；是深化高校共青团改革，强化共青团育人职能，强化共青团组织建设的关键路径；是完善学生发展服务体系，促进学生素质素养提升，促进学生就业创业的迫切需要。

做好高校第二课堂活动质量管理，既是落实立德树人根本任务的客观要求，也是提升人才培养质量的有效路径。我国历来重视高校内部质量保障体系建设，2010年公布的《国家中长期教育改革和发展规划纲要（2010—2020年）》明确提出提高质量是高等教育发展的核心任务，是建设高等教育强国的基本要求。提高质量是高等教育的生命线！如何保障学校育人质量，成为高校在教育质量提升路径的过程中必须明确的首要问题。

西南交通大学将"第二课堂成绩单"制度纳入学校人才培养计划，服务学校人才培养大局和大学生综合素质提升。经过多年的实践探索与研究分析，发现原有的第二课堂相关制度尚有问题需要进一步优化：

第一，原有相关制度较为零散，缺乏整体设计第二课堂工作内容、项目供给、评价机制和运行模式，未涵盖第二课堂项目实施的所有环节，未形成循环闭合的流程。

第二，第二课堂质量保障责任不够明晰，学校层面、二级单位层面、教师、学生等在质量保障中的责任内容不够完全、责任清单不够明确。

第三，没有加强对青年学生"思想政治引领"的理念，现有内容流于表面化和形式化，有些内容的可操作性较差，不能很好地把思想引领政治教育融入"第二课堂成绩单"制度的具体实施过程中。

针对第二课堂质量保障存在的问题和可优化的环节，西南交通大学以培养德智体美劳全面发展的社会主义建设者和接班人为总目标，以学生学习结果为评价依据，将学校、二级单位、教师、学生和相关保障单位的责任、权利和义务进行明确并用制度的形式进行固化，使得共青团发布、管理、组织第二课堂项目，学生选择、参加、评价第二课堂项目，教师指导第二课堂项目有规可依，有章可循，构建立体化、科学化的质量保障与评价体系，有效提升第二课堂质量。

二、西南交通大学第二课堂质量保障体系的价值与目标

第二课堂质量是共青团"第二课堂成绩单"制度实施的关键，决定着"第二课堂成绩单"制度发展的生命力。在具体实施中，要充分结合学校特点和工作实际，紧密围绕"第二课堂成绩单"制度的根本目标即培养德智体美劳全面发展的社会主义建设者和接班人，进行科学系统的构建。本书借鉴第一课堂规范化、系统化的做法，对第二课堂的标准进行规范，对项目质量进行控制。

西南交通大学一直致力于一流本科人才的培养，为实现这一目标，学校建立明确严格的质量保障体系。通过建立质量评价标准，制定评定指标体系与实施方案，完善评估结果的反馈机制，注重持续改进结果的跟踪，按照"评价—反馈—改进"不断迭代优化的过程，构建相互促进、相互协调的第二课堂质量保障体系。旨在通过采用科学有效的方法来评估和保障学校第二课堂建设质量，切实提高第二课堂育人实效。

三、西南交通大学第二课堂质量保障体系的探索与实践

"第二课堂成绩单"制度是高校共青团顺应高等教育综合改革的必然产物，是第一课堂的有机补充，是人才培养的重要组成。西南交通大学认真落实团中央《关于在高校实施共青团"第二课堂成绩单"制度的意见》，结合学校工作实际，深入推进"第二课堂成绩单"制度，完善顶层设计，狠抓项目质量，升级信息平台，建强工作队伍，通过客观记录、有效认证、科学评价学生参与第二课堂活动的经历和成果，采用科学严谨的方法来评估和保障学校第二课堂质量，最终目的在于提高学生学习成效。

2013 年，学校已启动第二课堂相关工作探索，面向全校范围内开展活动 500 余项，覆盖学生 5 万余人次并赴数十所高校开展相关调研。对调研相关工作的信息进行梳理，结合学校实际，建立系统平台、学时认证、项目建设三大核心体系。

2014 年，通过搭建数据平台，逐渐实现第二课堂管理信息化，开始在 2014 级 5292 名新生中全面试运行。时任团中央学校部负责同志来校指导工作并高度肯定西南交通大学"第二课堂成绩单"改革探索工作。

2015 年，通过牵引项目设计，逐渐实现"项目库"建设精品化，邀请校内相关专家组成项目库评审，完成首批项目库建设。基于学校第二课堂实践课题"打造高校学生第二成绩单，深化大学生素质拓展，服务大学生成长成才"，获全国学校共青团优秀研究成果一等奖，并在全团创新试点总结会做经验介绍。

2016 年，学校被确定为高校共青团"第二课堂成绩单"制度首批试点高校（36 所）。在团中央召开的高校共青团"第二课堂成绩单"工作座谈会上，西南交通大学做典型经验介绍。

2017 年，四川省高校共青团"第二课堂成绩单"制度推进会在西南交通大学召开，全省 109 所高校团委书记来学校学习经验；学校发布了《西南交通大学第二课堂建设实施办法》（西交校〔2017〕10 号）；强化团教协同，升级第二课堂网络信息平台 2.0 版；立项

2017 年度全国学校共青团研究课题。

2018 年，发布了《西南交通大学第二课堂项目管理办法》（西交团〔2018〕12 号）和《西南交通大学第二课堂学生管理办法》（西交团〔2018〕13 号）；聘任 87 名专业教师、机关部处老师和专职团干部组建第二课堂指导教师库；西南交通大学第二课堂成绩单自助打印系统上线；学生覆盖率达到 100%。

2019 年，第二课堂网络信息系统建设获批"中央改善基本办学条件专项资金"支持，系统进一步升级迭代，逐渐实现从过程记录到质量管理升级；获学校本科教育改革项目专项支持 13 项，获学校第二课堂教学工作量认定，全校共开展 38259 学时；微信小程序上线。

2020 年，发布《西南交通大学大学生综合素质提升计划》，拟出版《西南交通大学第二课堂质量保障工作手册》；获学校本科教育教学改革第二课堂专项 26 项，研讨教改第二课堂立项 5 项；参与团中央第二课堂成绩单专项课题研究。

2021 年，学校参与撰写《高校共青团"第二课堂成绩单"课程项目质量管理制度调研报告》一文已被团中央采纳并转化为有关制度成果。

四、西南交通大学第二课堂质量保障体系的总体构架

（一）学校层面

1. 西南交通大学本科教学工作委员会

本科教学工作委员会是学校本科教学工作的学术决策和咨询机构，根据学校的委托开展本科教学的研究、咨询、指导、评估、服务等工作。本科教学工作委员会是学校学术委员会的专项学术委员会之一，向学校学术委员会负责。第二课堂项目的建设纳入学校本科教学工作委员会统一管理，具体职责有：

（1）审定第二课堂七大类别建设和发展规划、培养方案和项目大纲、本科教育教学改革项目等。

（2）审议第二课堂管理相关文件。

（3）指导第二课堂改革、项目评估、过程督导等工作的开展。

2. 西南交通大学教学质量保障工作委员会

教学质量保障工作委员会由学校学术委员会授权，在本科教学质量保障方面负有重要责任。第二课堂的督导及质量评估等工作纳入学校教学质量保障工作委员会统一管理，具体职责有：

（1）审议第二课堂质量相关的制度规定和评估实施程序，确定第二课堂质量评估的方法和工具，与各单位展开合作，指导做好第二课堂质量的评估、反馈工作。

（2）指导根据评估结果的信息反馈工作，提出改进建议并跟踪其持续改进情况。

（3）受理师生关于第二课堂质量纠纷的投诉与申述。

3. 西南交通大学第二课堂建设领导小组

第二课堂建设领导小组由分管学生工作的校领导任组长，教务处负责人、校团委负责人任副组长，成员包括党委学生工作部、党委教师工作部、资产与实验室管理处等部门负责人以及各学院学生工作负责人，统筹开展学校第二课堂建设。具体职责有：

（1）全面贯彻党和国家的教育方针政策，认真执行上级主管部门和组织关于学校教育工作和青年工作的文件精神，按照青年学生成长规律，组织管理学校第二课堂相关工作。

（2）按照学校制定的相关政策及工作需求，协调沟通各机关部处及二级单位共同做好第二课堂相关工作。

（3）组织拟定和实施学校第二课堂发展规划，创新人才培养机制，提高人才培养质量。

（4）负责指导教师队伍的建设，制定指导教师遴选方案职责条例、考核措施和工作量认定细则。

4. 西南交通大学第二课堂专委会

第二课堂专委会主要任务是研究、审议和指导第二课堂相关工作，提出建议和实施方案。具体职责有：

（1）专委会成员是第二课堂一线工作人员，上接学校各委员会成员，下触学生核心群体，据此发挥上传下达、监督落实、综合协调的作用；

（2）根据第二课堂规划安排部署，结合工作实际，紧密围绕学生成长的需要，献言献策，为"第二课堂成绩单"制度的完善提供依据；

（3）开展专题调研。

5. 大学生素质拓展中心

共青团的工作主线是"围绕中心、服务大局"，履行好培养中国特色社会主义事业建设者和接班人的任务。共青团西南交通大学委员会（简称"校团委"）专设科级机构"大学生素质拓展中心"，整体设计第二课堂工作内容、项目供给、评价机制和运行模式。其具体职责有：

（1）组织推进第二课堂实施的各个环节，包括项目库、信息化、记录评价和成绩单等的管理和建设工作；

（2）组织实施第二课堂项目的质量监控、考核和评价；

（3）制定并实施项目发展与建设规划，不断提升项目在学生思想政治引领、素质拓展提升、社会实践锻炼和自我服务管理等方面的作用；

（4）组织开展对学生参与第二课堂的情况记录、评价和认证管理；

（5）组织推进第二课堂相关的内容建设及其实施情况。

（二）二级单位

1. 学院团委

共青团各学院委员会（简称"学院团委"）既是第二课堂的项目供给单位，也是学生管理单位，全面负责本单位第二课堂工作的各项事宜。学院团委书记是学院第二课堂质量保障的第一责任人，具体职责有：

（1）对学院第二课堂进行全面管理，确保学院第二课堂科学化、标准化、规范化开展；

（2）牵头建设院级项目库，审定学院第二课堂项目意识形态把控、育人目标、开展形式、学时设置、信息发布和成绩提交；

（3）定期组织并系统性实施对学院第二课堂项目各个环节评估，确保项目质量的自评、评估持续开展；

（4）做好政策宣讲，引导学生积极参与第二课堂，按要求完成第二课堂学时；

（5）做好毕业生学时认定工作，审核学生第二课堂学时完成情况，做好学时预警工作；

（6）充分调动学院的各类资源，认真并高质量开展第二课堂项目，保障学院第二课堂育人质量。

2. 机关部处

机关部处是第二课堂的项目供给单位，负责本单位第二课堂项目管理、项目改革和项目研究等，具体责任有：

（1）审定本单位第二课堂项目意识形态把控、育人目标、开展形式、学时设置、信息发布和成绩提交；

（2）定期组织并系统性实施对本单位第二课堂项目各个环节评估，确保项目质量的自评、评估持续开展；

（3）充分调动本单位的各类资源，认真开展第二课堂项目，保障第二课堂育人质量。

（三）教师层面

项目指导教师是项目育人质量保障的第一责任人，具体职责有：

（1）项目应遵循思想政治工作规律、教书育人规律和学生成长规律。

（2）项目应因事而化、因时而进、因势而新，不断完善项目内容、改进项目形式，实现有效实施，强化育人实效；

（3）保证项目的规范化开展，能使学生取得预期学习效果，提升综合素质；

（4）根据学生参与第二课堂活动情况，及时对学生学习情况进行评估和反馈。

（四）学生层面

学生应明确其在第二课堂成绩单制度实施的主体地位，全身心地投入学习，合理规划第二课堂活动，包括：

（1）积极主动参加第二课堂项目，认真并高质量地完成项目，在参与第二课堂项目过程中，不断充实自我，完善自我，提升自我；

（2）对自身的学习、进步和成长与发展给予足够关注，注重自我规划、自我评价、自我激励与自我发展，成为自我负责的学习者；

（3）在第二课堂成绩单建设中，积极主动提供充分、真实、及时且具有建设性的反馈，积极参与第二课堂的项目管理和质量评估工作。

五、西南交通大学第二课堂质量保障体系的评估方式

西南交通大学第二课堂质量保障体系的评估方式共分为以下三种：

（一）专家综合评估

西南交通大学第二课堂质量评估主要以专家组方式开展项目综合评估，在学校教学质量保障工作委员会和第二课堂建设领导小组的指导下，由校团委牵头，邀请校内外相关学者和专家，组成评估组，对全校第二课堂项目进行抽查。专家组通过网络信息平台搜集信息、观摩项目现场、调查学生参与项目体验等多种形式，评价育人效果。

（二）学生成长评估

西南交通大学第二课堂评估将"以学生为中心"的教育理念作为总体原则，通过"过程体验+学习成果"的方式进行评价，重点评价第二课堂的参与是否能为学生提供有效的学习环境和学习经历，项目在提升学生综合素质上，对学生成长与发展是否带来积极的影响。

（三）三方权威评估

委托第三方权威评估机构，对项目质量、实施过程、育人实效等方面进行专业评估，客观反映第二课堂建设育人质量，促进第二课堂教育质量提升。

六、西南交通大学第二课堂质量保障体系的评估环节

（一）项目执行大纲评估

西南交通大学第二课堂项目执行大纲包括项目育人目标、项目内容、项目开展方式、成绩评定与反馈等，标准包含以下方面：

（1）项目育人目标围绕第二课堂七大类别体系设置，项目目标应聚焦对青年的思想政治引领，同时应涵盖知识、能力、素质等多个维度。

（2）项目开展方式与育人目标相对应，应遵循思想政治工作规律、教书育人规律、学生成长规律，从认知规律出发，通过学生喜闻乐见、乐于接受的形式，在项目开展过

程中能够不断激发学生的兴趣，激发学生学习潜能，有效达到育人目标。

（3）考核结果与反馈是对学生项目参与过程和参与效果的评价，有效提升学生活动参与度。指导教师应科学、公平、及时地将考核结果反馈给学生。

（二）项目开展过程评估

（1）项目开展的时间、地点、内容、形式与项目执行大纲一致；

（2）通过现场观摩、学生访谈、审阅学生学习成果（作品、调查问卷）等，评估项目育人实效；

（3）项目指导教师于项目结束后提交自评估报告。

（三）学生作业成果评估（非必须环节）

第二课堂区别于第一课堂，很难通过课程设计、课程论文、口头报告等方式来考核学生水平与项目育人目标达成情况。为保证第二课堂自身育人特色和优势，指导教师可以根据项目特点及学生能力培养需要判断是否设置作业，完成作业不作为必须环节。

（四）学生项目体验评估

通过网络信息平台和学生访谈，开展对第二课堂学生体验调查，对学生学习体验调查结果进行汇总、统计和分析，形成调查报告。学校、二级单位、指导教师充分关注、积极参与并有效利用学生课程学习体验调查，不断提升第二课堂质量。

七、西南交通大学第二课堂质量的持续改进

质量评估管理体系是共青团"第二课堂成绩单"制度实施的保障。第二课堂项目除了监控和评估外，更重要的是反馈信息和改进工作。通过监控和评估，学校能及时发现和分析第二课堂工作中存在的问题，而通过信息反馈，学校和项目供给方可以将收集的信息传递到各个教学环节，使相关主体加以改进，最终实现学校第二课堂工作成效不断提高和第二课堂质量保障体系的自我完善。

（一）评估结果的反馈原则

各项评估内容都应遵循以下原则对各参与主体进行反馈：

（1）准确性原则。

准确性原则是指在评估中的反馈，内容必须符合完整性、真实性和有效性的要求。

完整性：反馈信息必须全面而充分，不得有重大遗漏，反馈信息的内容应遵循学校相关规定。

真实性：反馈信息能客观反映实际情况，并保证信息的客观性和公正性。

有效性：反馈信息是有效可利用的，是对相关主体的改进工作具有积极意义的。

（2）公开性原则。

公开性是指在评估结果反馈时，要把评估的目的、评估的实施方案、评估指标体系、评估标准、评估方法等所有程序向参评主体（包括学院、教师和学生）进行说明，以增加评估结果的透明度、可信度和科学性。

（3）及时性原则。

及时性原则是指主持第二课堂评估的主体应遵循一定的程序，快速公开评估结果信息，并保证信息处于最新状态，以实现第二课堂项目实施的持续改进。

（二）评估结果的应用

按照评估办法及评估流程，二级单位、项目、指导教师的评估结果分为三个等级：优秀、合格和不合格。

（1）学院团委第二课堂年度考评结果直接作为学院第二课堂工作量认定系数的重要参考指标。

（2）项目评估结果将作为对项目库动态调整（包括项目经费支持及项目淘汰）的主要依据。

（3）指导教师的评估结果作为年度优秀指导教师的依据。年度考核不合格的教师，终止下一年度指导教师聘期。

所有评估结果经科学分析后将及时反馈给相关二级单位，并记录在第二课堂年度综述报告中，在一定范围内公开。

（三）评估结果的持续改进

在第二课堂质量保障体系总构架下，西南交通大学第二课堂质量持续改进工作分为三级整体推进：指导教师、二级单位、学校。

（1）项目指导教师是第二课堂质量持续改进的主体，根据最终评估结果，具体负责本项目的持续改进。

（2）二级单位是第二课堂持续改进的工作主体。二级单位负责本单位第二课堂质量评估的跟踪与改进工作，根据实际需求，综合考虑制定符合本单位情况的第二课堂持续改进方案。

（3）学校是第二课堂质量持续改进的评价主体。校团委在学校教学质量保障工作委员会和第二课堂建设领导小组的指导下，对学校组织的评估结果进行跟踪，制定总体持续改进方案、组织实施，并为二级单位的第二课堂评估结果的持续改进工作提供咨询、指导并开展检查。

附录 1-1：关于在高校实施共青团"第二课堂成绩单"制度的意见

中青联发〔2018〕5号

为深入学习贯彻习近平新时代中国特色社会主义思想和党的十九大精神，全面落实《关于加强和改进新形势下高校思想政治工作的意见》等有关文件要求，切实发挥好共青团服务高校立德树人根本任务和人才培养中心工作的重要作用，现就在全国高校实施共青团"第二课堂成绩单"制度提出如下意见。

一、重要意义

共青团"第二课堂成绩单"制度是充分借鉴第一课堂教学育人机理和工作体系，整体设计高校共青团工作内容、项目供给、评价机制和运行模式，实现共青团组织实施的思想政治引领、素质拓展提升、社会实践锻炼、志愿服务公益和自我管理服务等第二课堂活动的科学化、系统化、制度化、规范化，实现高校学生参与共青团第二课堂可记录、可评价、可测量、可呈现的一整套工作体系和工作制度。实施共青团"第二课堂成绩单"制度是落实习近平总书记提出的"要重视和加强第二课堂建设"的重要要求，推动高校思想政治工作改革创新，创新中国特色社会主义教育制度的积极举措；是适应高等教育综合改革，全面落实立德树人根本任务，全面实施素质教育的必然要求；是深化高校共青团改革，强化共青团育人职能，强化共青团组织建设的关键路径；是完善学生发展服务体系，促进学生素质素养提升，促进学生就业创业的迫切需要。

二、总体要求

（一）指导思想。高举习近平新时代中国特色社会主义思想伟大旗帜，深入贯彻落实党的教育方针，积极适应高等教育综合改革新发展、共青团组织深化改革新形势和大学生成长成才新特点，紧紧围绕立德树人根本任务，切实遵循人才培养规律、高等教育规律和青年成长规律，深入挖掘第二课堂育人价值，系统提升第二课堂育人实效，逐步健全完善第一课堂和第二课堂深度融合、相辅相成的人才培养模式，努力培养又红又专、德才兼备、全面发展的中国特色社会主义事业合格建设者和可靠接班人。

（二）基本原则。一是坚持融入人才培养大局。紧紧围绕高校人才培养中心工作，充分发挥共青团第二课堂协同育人作用，使共青团第二课堂成为人才培养体系的有机组成部分。二是坚持服务学生发展需求。秉持以学生发展为本的理念，面向学生成长成才实际需求，构建科学、务实、有效的共青团第二课堂育人体系。三是坚持发挥第二课堂优势。充分发挥第二课堂内容丰富、形式灵活的优势特点，依托校内、校外资源等将共青团第二课堂打造成为鼓励学生政治锤炼、知识实践、技能拓展、素质养成的载体平台。四是坚持突出基层主体地位。以高校为实施主体，鼓励结合学校工作实际，在内容设计、平台建设、工作实施等方面积极探索创新，形成富有学校特色的制度模式。

（三）实施目标。在 2018 年秋季学期，面向全国高校推广实施共青团"第二课堂成绩单"制度，通过有关方面共同努力，逐步将共青团"第二课堂成绩单"打造成为学校人才培养评估、学生综合素质评价、社会单位招录高校毕业生的重要依据，为提升高等教育质量，深化高校共青团改革，创新人才培养模式发挥重要作用。

三、主要内容

（一）构建课程项目体系。课程项目体系是共青团"第二课堂成绩单"制度的实施基础。要紧紧围绕思想素质养成、政治觉悟提升、文艺体育项目、志愿公益服务、创新创业创造、实践实习实训、技能特长培养等内容设计课程项目体系。聚焦人才培养目标，尊重学校历史传统，结合第一课堂教学安排，统筹设计共青团第二课堂课程项目体系，实现第二课堂与第一课堂互动互融、互补互促。要充分借鉴第一课堂教学模式，对能够课程化的项目活动进行课程化设计，制定教学大纲，配备师资力量，规范教学过程，完善考核方式。对不宜课程化的项目活动要规范供给标准，注重质量控制。要坚持开放包容、协同育人，充分吸纳团学组织、机关院系、社会机构等举办的、可以促进学生全面发展、能够科学反映学生成长状况的活动和项目。

（二）构建记录评价体系。记录评价体系是共青团"第二课堂成绩单"制度的实施牵引。记录评价体系应突出客观性、写实性、价值性、简便性，以科学的评价标准为依据，针对学生参与共青团第二课堂的表现进行科学认证，按照学期、学年等时间节点，对学生表现出的综合素质进行全面反映。根据具体情况灵活施策，可采用记录式评价，对学生参与第二课堂的过程和成果进行真实客观记录；可采用学分式评价，对课程项目设定学分或学时、积分等，对学生参与第二课堂情况实行课程化管理，以是否完成相关要求作为评价标准；可采用综合式评价，根据学生参与第二课堂活动情况，对学生综合能力进行描述性评价，形成评价报告。基于共青团组织和学生会、学生社团的组织化功能，由课程项目主办方提供、班级团支部和院系团组织记录、学校团委评价学生参与第二课堂活动情况，鼓励学生自我参与申报。

（三）构建数据信息体系。数据信息体系是共青团"第二课堂成绩单"制度的实施支撑。要依托数据信息体系开展课程项目的发布、管理、评估，实现学生参与课程项目的记录、评价、认证。高校可通过自主研发或使用其他由共青团组织、教育部门提供的数据管理系统建立数据信息平台。倡导鼓励共青团"第二课堂成绩单"制度数据信息体系与学校综合信息系统统筹联通。要建立自下而上、逐级审核、及时更新的信息采集、审核、发布机制，完善学生个人申报、班级团支部或院系团组织审查、课程项目主办方审核、学校团委评价认定等流程，实现逐级对数据信息的真实性、完整性、准确性把关，确保数据信息及时、准确、全面。

（四）构建动态管理体系。动态管理体系是共青团"第二课堂成绩单"制度的实施保障。要立足立德树人，建立标准健全、多方参与、多级评价的共青团第二课堂质量监测评估体系，制定科学合理的质量控制标准、监测指标和评价方法，健全第三方评价机制，增强评价的专业性、独立性和客观性。要建立学期、学年结果反馈和运用机制，充分运用互联网、大数据等现代信息技术，对学生参与第二课堂情况进行分析评价，科学评估第二课堂育人成效，动态调整第二课堂课程项目体系，促进第二课堂活动完善与迭代，为学校了解学生成长状况、优化人才培养方案提供决策支持，为学生及时掌握第二课堂项目活动参与情况，促进健康成长提供动态指导。

（五）构建价值应用体系。价值应用体系是共青团"第二课堂成绩单"制度的实施关键。共青团"第二课堂成绩单"制度具有客观跟踪记录、科学评价评估、引导学生成长、服务育人大局、强化组织建设、促进学生就业等功能。要重点突出共青团"第二课堂成绩单"结果应用和价值发掘，将共青团"第二课堂成绩单"作为学生在校期间综合素质测评、评奖评优、升本推研、推优入党等的重要评价，积极推进将"第二课堂成绩单"纳入学生个人档案。要通过"第二课堂成绩单"为社会用人单位选人、用人提供具有规范性、公信力的科学参考依据，形成学生、学校、社会的有效联接。

四、工作要求

（一）加强组织领导。各省级团委和教育部门要通过成立工作组、建立联席会议制度等，统筹做好工作指导、督导检查和绩效评估。各高校要在学校党政领导下，把共青团"第二课堂成绩单"制度作为"三全育人"综合改革的一项重要内容，作为深化高校共青团改革的牵引性重大举措，统筹校内教育教学、科学研究、学生工作、组织宣传、后勤保障等多个部门，成立必要的推进实施专门机构，具体工作由学校团委负责。要加大对实施共青团"第二课堂成绩单"制度的整体规划和管理指导，结合本校实际情况，尽快制定相关工作方案和配套文件。

（二）加强资源保障。各省级团委和教育部门要充分结合本地区实际，为共青团"第二课堂成绩单"制度的设计实施提供必要支持和资源保障，完善共青团"第二课堂成绩单"制度有关机制。各高校要在师资、经费、场地、后勤等方面为制度实施提供保障，把共青团第二课堂体系建设经费纳入人才培养成本，把教师指导学生参加共青团第二课堂计入工作量，鼓励专业教师和校友等社会力量参与共青团第二课堂建设。

（三）加强宣传推广。各省级团委和教育部门要争取组织、宣传部门和人力资源和社会保障等其他部门支持，向用人单位和社会广泛推介共青团"第二课堂成绩单"，为共青团"第二课堂成绩单"制度实施提供政策保障，营造浓厚舆论氛围。各高校要注重共青团"第二课堂成绩单"制度工作成果总结和分享传播，充分利用微信、微博等新媒体和大众传媒、校园媒体等多种形式，加强宣传报道和成果展示。

附录 1-2：西南交通大学"第二课堂成绩单"制度实施办法
西交校〔2020〕24 号

第一章　总则

第一条　高举习近平新时代中国特色社会主义思想伟大旗帜，深入贯彻落实党的教育方针，积极适应高等教育综合改革新发展、共青团组织深化改革新形势和大学生成长成才新特点，根据《关于加强和改进新形势下高校思想政治工作的意见》（中发〔2017〕31 号）、《教育部等八部门关于加快构建高校思想政治工作体系的意见》（教思政〔2020〕1 号）、《关于在高校实施共青团"第二课堂成绩单"制度的意见》（中青联发〔2018〕5 号）等文件要求，切实发挥好共青团服务学校立德树人根本任务和人才培养中心工作的重要作用，主动迎接新时代中国高等教育面临的挑战与机遇以及党对新时代青年的要求与期望，主动对接"一带一路"倡议、"交通强国""教育强国"等国家需求，结合学校实际，制定本办法。

第二条　"第二课堂成绩单"制度是充分借鉴第一课堂教学育人机理和工作体系，整体设计学校校园文化内容、项目供给、评价机制和工作体系，实现共青团组织实施的思想政治引领、素质拓展提升、社会实践锻炼、志愿服务公益和自我管理服务等第二课堂活动的科学化、系统化、制度化、规范化，实现学生参与第二课堂可记录、可评价、可测量、可呈现的一整套工作体系和工作制度。第二课堂建设坚持以学生成长和发展为中心、以网络平台为支撑、以项目库建设为核心、以指导教师队伍建设为重点、以规范管理为保障，主动融入人才培养大局，逐步健全完善与第一课堂深度融合、相辅相成的人才培养模式，努力培养担当民族复兴大任的时代新人和德智体美劳全面发展的社会主义建设者和接班人。

第三条　本办法适用于西南交通大学 2017 级及以后所有全日制普通本科生，按要求完成第二课堂学时规定者，才能准予毕业。

第二章　组织机构及职能

第四条　学校成立第二课堂建设领导小组，分管学生工作的校领导任组长，教务处负责人、校团委负责人任副组长，成员包括党委学生工作部、党委教师工作部、资产与实验室管理处等部门负责人以及各学院学生工作负责人，统筹开展学校第二课堂建设。

第五条　第二课堂建设领导小组办公室设在校团委，具体负责第二课堂信息管理、项目管理、学生管理以及成绩单管理等工作。学生第二课堂总学时认定工作由各学院团委统筹负责，具体审定学生第二课堂学时的完成情况，计入成绩档案。

第六条 第二课堂项目的建设、督导以及质量评估等工作，纳入学校本科教学工作委员会和教学质量保障工作委员会统一管理。

第七条 教师指导学生参加第二课堂计入工作量，第二课堂体系建设经费纳入人才培养成本，专项用于支持第二课堂建设。

第三章 信息管理

第八条 第二课堂实行信息化管理，通过第二课堂信息管理系统实现第二课堂项目在线发布、学生在线选择、评价在线反馈、学时在线记录、成绩单在线打印等功能，系统将自动记录学生基本信息、参与第二课堂信息、成绩信息等，逐步形成学生成长数据池，最终在学生毕业时形成一张"第二课堂成绩单"，实现学生第二课堂培养的科学化管理、规范化实施、全员化参与和全程化跟踪。

第九条 在项目开展前 1 个月，各项目方通过学校统一账号登录第二课堂信息管理系统提交项目开设申请，经管理部门审核通过后视为开设成功，同时在系统中予以发布，在项目实施完成后按要求给予学生成绩。

第十条 学生通过学校统一账号登录第二课堂信息管理系统，查看项目信息，根据个人成长发展需求和兴趣爱好自主选择参加项目，同时在按要求完成项目后，对项目进行评价反馈。

第四章 项目管理

第十一条 第二课堂项目按照形式分为讲座、活动和竞赛等多种形式。按照类别设置七大模块，包括思想政治与道德素养类、学术科技与创新创业类、艺术体验与审美修养类、文化沟通与交往能力类、心理素质与身体素质类、社会工作与领导能力类、社会实践与志愿服务类。

1. 思想政治与道德素养类项目：开设加强理想信念教育、培育和践行社会主义核心价值观以及思想道德建设等内容的项目，主要记载大学生参加党校、团校培训和思想引领、价值塑造类活动等经历，以及获得的相关荣誉。

2. 学术科技与创新创业类项目：开设提升专业学术能力、创新精神和创造能力、加强科学研究教育和创新创业教育等内容的项目，主要记载大学生参加学术、科技竞赛和创新创业类活动等经历，以及获得的相关荣誉。

3. 艺术体验与审美修养类项目：开设加强通识教育、艺术素养教育和精品文学鉴赏等内容的项目，主要记载大学生参与文学艺术和人文情怀类活动等经历，以及获得的相关荣誉。

4. 文化沟通与交往能力类项目：开设培养语言表达能力、人际交往能力、团队合作能力和跨文化交流、提升全球视野等内容的项目，主要记载大学生参与团队训练、演讲辩论和跨文化交流活动等经历，以及获得的相关荣誉。

5. 心理素质与身体素质类项目：开设加强心理健康教育、情感情绪管理和身体素质训练、塑造健全人格等内容的项目，主要记载大学生参与心理、身体素质类活动等经历，以及获得的相关荣誉。

6. 社会工作与领导能力类项目：开设各级各类骨干培训、自我管理与提升教育和领导力培养等内容的项目，主要记载大学生在校内各级党组织、团组织和学生组织的工作任职履历，在校外的社会工作履历和各级各类大学生骨干培训等经历，以及获得的相关荣誉。

7. 社会实践与志愿服务类项目：开设提升大学生实践能力、社会担当和感恩奉献意识培养等内容的项目，主要记载大学生参与"三下乡"社会实践、志愿服务和课外的实习实训类活动等经历，以及获得的相关荣誉。

第十二条 第二课堂项目按照主体设置三个层级，包括校级项目、院级项目和一般项目。校级项目主要面向全校大学生开设，重在提升学生综合素质；院级项目主要面向本院学生，结合学院专业特点开展特色活动，重在提升学生专业实践能力；一般项目主要面向团支部、学生组织等群体开设，重在提升团学组织特色。

第十三条 第二课堂按照"资源共享、质量保障、优势互补、各具特色"原则建设重点"项目库"，实行动态管理，以项目质量评价为依据对项目进行定期淘汰遴选。入库项目由项目组织方自主申报并提交项目建设方案，经管理部门组织专家评审通过后入选项目库。入库项目应按照项目建设方案组织实施。

第五章　学生管理

第十四条 第二课堂必修环节为 64 个学时，原则上每 1 个小时计 1 个学时。前六个模块必修环节为 48 个学时，其中，思想政治与道德素养类、心理素质与身体素质类项目，至少各完成 8 个学时；学术科技与创新创业类、艺术体验与审美修养类、文化沟通与交往能力类、心理素质与身体素质类、社会工作与领导能力类项目，至少各完成 2 个学时；第七个模块社会实践与志愿服务类项目，至少完成 16 个学时。实施学时预警，引导学生合理参加第二课堂项目，确保顺利达到毕业条件。

第十五条 学生根据项目开设要求，在第二课堂信息管理系统中报名截止时间之前选课，并按要求完成项目参与和项目评价者可获得相应学时，中途退出或未完成上述环节者，不能获得学时。具体项目学时认定由项目组织方在项目实施完成后确认。

第六章　成绩单管理

第十六条 在学生毕业时，第二课堂信息管理系统将生成经学校认证的"西南交通大学学生第二课堂成绩单"，作为学生在大学期间综合素质成长情况证明，与第一课堂成绩单共同记录学生大学阶段成长经历，绘制学生成长"自画像"。

第十七条　西南交通大学学生"第二课堂成绩单"以学生需求为中心、以社会需求为导向，强调科学性、客观性、价值性，作为学校人才培养评估、学生综合素质评价、社会单位选人用人的重要依据。

第七章　附则

第十八条　本办法自发布之日起实施。原《西南交通大学第二、三课堂建设实施办法（试行）》（〔2017〕10号）同时废止。

第十九条　本办法由学校授权校团委负责解释。

第二章

西南交通大学第二课堂
项目体系

引　言

第二课堂课程项目体系是高校通过高校共青团组织及各育人单位实现立德树人根本任务和人才培养中心工作的重要载体，是共青团履行为党育人、为国育才政治使命，服务青年成长发展需求的重要平台。

第二课堂项目体系建设是"第二课堂成绩单"制度建设的基础性工作，是各项目质量保障的基础，其建设成功与否关系着"第二课堂成绩单"制度这一共青团参与教育活动的重要抓手能否实现全覆盖，能否为提升学校育人质量拓展空间和渠道，在广度和深度上提升共青团对人才培养的服务力和贡献度。

按照《西南交通大学"第二课堂成绩单"制度实施办法》，第二课堂项目按照形式分为讲座、活动和竞赛等多重形式。按照类别设置七大模块，包括思想政治与道德素养类、学术科技与创新创业类、艺术体验与审美修养类、文化沟通与交往能力类、心理素质与身体素质类、社会工作与领导能力类、社会实践与志愿服务类。在要求完成的64个学时中，思想政治与道德素养类、心理素质与身体素质类项目至少各完成8个学时，社会实践与志愿服务类项目至少完成16个学时，其余模块项目至少完成2个学时。课程体系的模块设置和学生管理要求旨在树立第二课堂同第一课堂相衔接的培养目标，即培养德智体美劳全面发展的社会主义建设者和接班人。

与第一课堂相比，"第二课堂"育人的方式方法和擅长侧重不同，与第一课堂课程体系相比，第二课堂课程体系内容丰富、形式灵活。从三种形式和七大模块来看，每个模块在育人方面也存在不同的特点和侧重点，特别是活动目标设定、培养大纲拟订、项目方案设计、课程内容、参与对象、指导教师、学时设置、学生考核评价都有区别，这对项目标准化、科学化、精细化提出较高的挑战。

本篇旨在构建课程体系中七大模块的"课程大纲"及对应的"精品课程"建设标准，构建统一标准的第二课堂成绩单制度质量管理体系，指导各"第二课堂成绩单"制度的组织实施单位科学、规范地开展第二课堂项目，并为各类别项目的第二课堂建设、评估、持续改进提供参考依据，以达到促使第二课堂项目体系设置更加科学合理，政治功能发挥更加凸显，育人特色更加鲜明的目的。

"第二课堂成绩单"制度质量控制过程需要从项目设计、制定项目大纲到项目过程是否按照大纲执行，最后评估项目结果是否达到项目大纲的目标进行闭环监控，流程如下：

1. 制订项目计划

项目计划应重点制定项目"执行大纲"（项目执行策划），包括对应时间范围内开展的总学时数、覆盖学生数、拟开展的主题等。

2. 开课、审批和选课

各项目开设课程时间应按照学校《西南交通大学"第二课堂成绩单"制度实施办法

（修订）》相关要求执行，涉及需要报备的应在开课前履行好报备手续，涉及场地使用的应及时申请场地使用，开课手续完备，经校团委大学生素质拓展中心审批后方可进入第二课堂系统。

3. 项目过程监控

在课程开展过程中，通过参加课程、负责人汇报或项目资料审核的方式对项目"执行大纲"中的重要环节要素，如是否正常开课、学生选课数量、签到数量、项目运行环节规范性、重要目标环节等进行考核，了解项目进展、团队的实践态度、组织管理等方面的情况。

4. 反馈总结和项目验收

参与项目的学生查看成绩，并提交项目反馈，同时，项目组织者、管理者或第三方评价机构可通过访谈、问卷形式了解学生对项目的意见建议和收获、反馈。根据反馈意见促进项目质量提升或淘汰不合格项目。具体评价指标如表 2-1 所示：

表 2-1　项目考核指标

项目阶段	评价指标	分值占比	评价等级
准备阶段	项目策划	20	90 分≤分数，"优秀"；80 分≤分数<90 分，"合格"；60 分≤分数<80 分，"调整"；分数<60 分，"终止"；共四个考核等级
	团队成员	10	
实施阶段	项目现场考核	20	
	团队组织管理	10	
	实际参与学生高于申报容量 80%	10	
验收阶段	学生反馈满意度	20	
	项目总结材料	10	

一、思想政治与道德素养类项目

（一）项目建设内容与培养目标

1. 培养目标

根据全国高校思想政治工作会议、全国教育大会等重要会议精神，依照《新时代爱国主义教育实施纲要》等重要文件，思想政治与道德素养类项目必须围绕"培养什么人、怎样培养人、为谁培养人"，坚持立德树人，在不断提高大学生的思想水平、政治觉悟、道德品质和文化素养上下功夫，使学生成为中国共产党和中国特色社会主义的坚定拥护者，努力培养又红又专、德才兼备、全面发展的中国特色社会主义事业合格建设者和可靠接班人。要教育引导学生坚定理想信念、厚植爱国情怀、锤炼品德修养，让学生树立共产主义远大理想和中国特色社会主义共同理想，增强中国特色社会主义道路自信、理论自信、制度自信、文化自信；让爱国主义精神在学生心中牢牢扎根，立志"听党话、跟党走"，立志扎根人民、奉献国家；让学生自觉践行和弘扬社会主义核心价值观，踏踏实实修好品德，培养大爱大德大情怀。

2. 课程内容

思想政治与道德素养类第二课堂项目建设内容，应围绕学生、关照学生、服务学生。开展包括加强爱国主义和理想信念教育，深化中国特色社会主义和中国梦教育，强化国情民情和形势政策教育，弘扬民族精神和时代精神，讲好党史、国史、改革开放史、社会主义发展史，传承中华优秀传统文化、革命文化、社会主义先进文化，培育和践行社会主义核心价值观，提升个人修养和道德品行等项目，不断提高大学生的思想水平、政治觉悟、道德品质、文化素养。主要记载大学生参加党校、团校培训、党（团）支部活动和其他思想引领、价值塑造类活动等经历，以及获得的相关荣誉。

（1）讲座类。主要是指以思想政治与道德素养类课程内容为主题，邀请在该领域具有丰富经验或长期从事相关工作，或有一定的成果和影响力的专业人士作为主讲人，开展的专业相关或兴趣外延知识传授的教学活动形式。讲座所涉及的内容必须经过严格的审查备案。

如：各类骨干培训、卓越大讲堂、青年讲师团系列讲座等。

（2）活动类。主要是指与思想政治与道德素养类课程内容相关的，具有鲜明的思想政治教育和个人素养提升目的、涵盖学生思想引领和价值塑造的综合性活动。

如："五四"大型红歌会、党（团）课、党（团）日活动等。

（3）竞赛类。以思想政治与道德素养为主题和内容，在一定规则之下，具有一定竞争性或奖励制度的活动。主要目的是通过竞赛宣传、普及、落实党和国家的路线、方针和政策，提升大学生的思想水平、政治觉悟、道德品质和文化素养。

如："我身边的交大故事"征集、党史知识竞赛等。

3. 指导教师要求

指导教师是思想政治与道德素养类项目实施的掌舵手和领航员，需要做好项目的前期设计准备、实施过程的跟踪管理和后期的总结评价，对项目的思想性、方向性、趣味性和项目成功、顺利开展起决定性作用。因此，指导教师应当秉承良好师德师风，以德立身、以德立学、以德施教，以德育德，应当具备较强的思想政治素质和责任心，能够做到言传身教、教书育人，成为学生成长成才的指导者和引路人。

同时，作为学生活动的指导教师，还应当具有一定学生工作经历，有较为丰富的活动组织经验，热爱学生思想政治教育。

（二）项目建设质量标准评价体系

1. 课程体系内容及建设标准

根据学生学习认知维度，搭建三个层次的课程体系，充分激发学生学习的主观性、能动性、自觉性，将思想政治教育融入课程全环节、全过程，如春风化雨，让学生入脑入心，内化于心、外化于行。

表 2-2　思想政治与道德素养类课程体系及内容

课程体系	课程内容
知之	优化思想政治与道德素养类课程设置，重点强调理论知识、政策路线、方式方法的普及和掌握
行之	开展有特色的思想政治与道德素养类活动，重点强调学生通过参与体验式的课程项目学习对知识进一步理解，在行动中体会、感知、升华，切实提升学生的思想政治素养和个人品德修养
践之	开展社会实践活动，重点强调学生由被动变主动，能够主动参与实践活动，将理论与实践紧密联系，做到内化于心、外化于行，思想水平、政治觉悟、道德品质和文化素养得到进一步提升，能够在生活学习中学会活用马克思主义的立场、观点、方法分析和解决问题，培养又红又专、德才兼备，具有家国情怀、可勘当民族复兴大任的社会主义建设者和接班人

表 2-3　思想政治与道德素养类课程建设标准

一级指标	二级指标	基本要求
1 总体要求	1-1 高水平	课程具有较高的理论水平和实用价值，能够培养学生主动担当、牺牲奉献的精神，提升思想水平、政治觉悟、道德品质和文化素养，变被动学习为主动承担，并在生活学习中学会活用马克思主义的立场、观点、方法分析和解决问题
	1-2 引领性	引领性体现在对课程项目过程的度量，就思想政治与道德素养类项目而言，其作为重要的价值输出口和人才培养链，就是要破除"重行轻意"的问题，突出以学为中心，强调深度学习，注重参与性和趣味性，注重思想政治素养提升效果，体现教学创新
2 课程团队	2-1 负责人	秉承良好师德师风，具备较强的思想政治素质和责任心，能够做到言传身教、教书育人，具有较高的专业水平和教学能力，热爱学生思想政治教育，教学理念先进，有指导校级课程经验
	2-2 团队	秉承良好师德师风，专业结构合理，教学能力过硬，教学水平较高，具有指导校级实践课程经验
3 课程目标	3-1 价值	坚定学生理想信念、政治方向和立场，以远大理想确立人生航向；厚植爱国主义情怀，教育引导学生热爱祖国，拥护共产党领导，坚持中国特色社会主义道路，能够把自身前途和国家命运紧密联系在一起，听党话、跟党走
	3-2 能力	培养学生明辨思维、夯实专业知识、勇于创新实践，使其具有批判、怀疑、反思、修正等思考模式，能在生活学习中学会活用马克思主义的立场、观点、方法分析和解决问题

续表

一级指标	二级指标	基本要求
3 课程目标	3-3 态度	变被动为主动，主动融入，激发学生学习主动性，积极融入思想政治与道德素养课程学习，提升学生的思想水平、政治觉悟、道德品质和文化素养
	3-4 认知	知识建构，多层次课程设置注重思维训练与高阶知识、高阶能力的培养
	3-5 担当	担当社会责任，具有团队意识和互助精神，能主动作为，履职尽责，对自我和他人负责，具有规则与法治意识，积极履行公民义务，能维护社会公平正义。强调服务、责任和奉献精神
4 课程内容	4-1 思想性	坚持立德树人，发挥价值塑造作用，将课程思政有效落实在课程内容和课程考核中，培养和践行社会主义核心价值观
	4-2 前沿性	有效支撑课程目标的实现，能够讲好中国故事，教育引导学生正确认识和看待世界和中国发展大势、中国特色和国际比较、时代责任和历史担当，使学生具有远大抱负并脚踏实地，体现思政课程领域发展的新理念、新成果、新应用
5 教学设计	5-1 创新性	能把握重点和热点，瞄准实践，挖掘思政创新元素，发现新问题、提出新观点，发展学生批判性思维和创新能力；革新教学方式，倡导自主、合作、探究式学习，凸显学生的主体地位和创新思维
	5-2 综合性	注重与第一课堂和其他专业学科协同创新，促进思政教育的延展；强调理论和实践紧密结合，通过实践促进思政教育的深入学习；学生更多参与课程项目的设计、组织和实施，提升学生的组织、沟通、协调的能力
	5-3 指导性	建立丰富的网络学习资源库，设立项目导师、朋辈导师，针对学生学习需要和偏好，开展第二课堂指导、讨论、路演等
	5-4 互动性	以学生为主体，学生课堂学习主动参与、主动思考率高，生生、师生互动活跃，注重学生分析、综合、判断和运用等高级思维能力的培养
6 课程考核	6-1 过程性	注重过程考核和评价，突出对学生主动参与、主动思考以及能力素质的评价，过程考核占比不低于50%，形式不少于2种
	6-2 结果性	要有课程项目学习的具体成果，如：调研报告、学习体会、思政课程设计等，原则上占比不低于30%
7 学习效果	7-1 达成度	课程目标达成度高，总评成绩及格率高于90%
	7-2 质量评价	学生对课程满意度高，教学质量评价分数在四星及以上
	7-3 持续改进	课程根据教学效果和学生反馈，对教学设计、课程内容、考核等进行持续改进

2. 课程评价体系

评价体系的构建及评价指标的设计，是以教学过程和结果为评价对象的一种教育评价，其评价主体为教师与学生，评价内容是课程目标、教学内容、教学设计以及学习效果。

表 2-4　思想政治与道德素养类课程评价体系

评价目标	评价对象	评价方法	评价内容
教学过程和结果	教师 学生	心理量表测验法、问卷调查法、课程嵌入式评价法、课程自我评估、学生在校期间的自我评价与毕业后用人单位的他人评价相结合的方法等	教学目标 教学内容 教学方法 教学效果

3. 课程评价内容及标准

（1）课程立项

课程立项应重点考察课程项目的"三性两度"（思想性、引领性、创新性、挑战度和参与度）、项目策划（课程形式、内容安排、可行性、互动性、经费预算等）、课程负责人和团队、学生团队等，确保课程顺利、高质量完成。

（2）课程跟踪

在课程开展过程中，通过听课、参加课堂、负责人汇报或项目资料审核的方式对项目重要节点进行考核，了解项目进展、团队的实践态度、组织管理等方面的情况。

（3）课程验收和评价

做好对项目验收，主要包括项目策划、项目资源、项目总结材料等。进行项目实施效果的评价，通过第二课堂系统查看学生成绩与课程满意度、收获度反馈，评估项目影响力。

（三）"精品课程"建设质量标准与评价体系

借鉴第一课堂"精品课程"理念，思想政治与道德素养类"精品课程"就是要体现"三性两度"，即"思想性、引领性、创新性、挑战度和参与度"，坚持社会主义办学方向，全面落实党的教育方针，巩固马克思主义在高校意识形态领域的指导地位，是培养德智体美劳全面发展的社会主义建设者和接班人的"精品"。

要解决思想政治与道德素养类第二课堂课程中重形轻意，突出课程思想性，提高对指导教师开课的要求，加强指导教师的政治性、思想性、先进性的考察，尤其注重师德师风考察，要从课程项目设计和指导全过程提升"精品课程"的思想性。

要解决思想政治与道德素养类第二课堂课程中重知轻行，发挥课程引领性，要体现重要的价值输出口和人才培养链的作用，要紧跟时代步伐，引领青年学生跟党走，为祖国和人民贡献力量。

　　要解决思想政治与道德素养类第二课堂课程中程式化，体现课程创新性，将简单的理论讲解和课堂输出，转变为理论和实践相结合的方式设计项目。

　　要解决思想政治与道德素养类第二课堂课程中低阶性，提高课程挑战度，应当建立课程参与、课后实践、实践成果等可量化的学生考核指标体系，并严格执行。

　　要解决思想政治与道德素养类第二课堂课程中灌输性，提升课程参与度，通过创新项目开展的方式，丰富项目的内容，改进项目的呈现方式，突出学生动手实践和过程学习。

　　同时，课程要有代表性和示范性，在保证课程质量的同时，打造具有较强的代表性、示范性，已经形成完善的项目实践，可输出完整且有较强传播性的经验模式的课程项目。

（四）【思想政治与道德素养类案例分享】——西南交通大学"青年讲师团"系列活动

不一样的思政课
——西南交通大学"青年讲师团"系列活动

一、育人目标

　　以习近平新时代中国特色社会主义思想和党的十九大精神为指引，选拔、培养一批政治立场坚定、善于传播党的理论主张，有志于在青年思想政治教育领域做出贡献的优秀青年讲师成员。发挥"青年讲师团"示范、引领、辐射、带动作用，将党的理论、"四史"、形势政策、成就故事等以面对面、互动性的宣讲交流形式传播给广大青年，引导广大青年始终与以习近平同志为核心的党中央保持高度一致，增强"四个意识"、坚定"四个自信"、做到"两个维护"，为夺取新时代中国特色社会主义伟大胜利、实现中华民族伟大复兴的中国梦汇聚起磅礴的青春力量。

二、基本信息

课程简介	青年讲师团重点围绕学习贯彻习近平新时代中国特色社会主义思想开展宣讲，分为思想政治类、文化传承类、青年发展类，面向广大团员青年着力讲好党的先进理论、党史国史团史、国情形势政策、中华优秀传统文化、青年榜样故事等内容		
课程名称	青年讲师团	课程类别	思想政治与道德素养
课程容量	25000	选课人数	23000
开课单位	校团委	负责教师	李振宇/郑　源
面向对象	全校学生	授课方式	讲座

三、主要做法

　　1. 不一样的思政课，持续深入青年宣讲

　　"青年讲师团"讲师队伍重点围绕学习贯彻习近平新时代中国特色社会主义思想开展宣讲，分为思想政治类、文化传承类、青年发展类，着力讲好党的先进理论、党史国史团史、国情形势政策、中国优秀传统文化、青年榜样故事等内容。截至 2020 年 10 月，"青年讲师团"成员充分发挥自身特长，持续深入青年师生开展 60 余场宣讲活动，覆盖青年学生超过 20000 人次。

2. 策划云端宣讲，凝聚抗疫力量

校团委积极策划、组织开展"共抗疫情·爱国力行"青年讲师团线上宣讲系列活动，截至 2020 年 10 月，"青年讲师团"成员开展 30 余场云端宣讲活动，覆盖青年学生超过 10000 人次。

除了推出"青年讲师团"的线上系列宣讲活动外，校团委还精心策划，联合党委宣传部推出"大学生在抗击疫情中成长成才""疫情下的大学生心理调适""疫情背景下大学生就业劳动法律风险防范""中国文化的精神与价值""大学生网络素养提升"五门云端微课，微课已在全国高校思政网、学习强国、四川教育、四川共青团、西南交通大学等新媒体平台进行发布展示，总阅读量超过 100 万。

四、学生评价

平均评分：4.9 分

部分学生评价：

张同学：我们见证到了无数个优秀青年为祖国所付出的贡献。身为大学生的我们，新一代的有力的青年，在现在的道路上，一定要做到崇尚科学，追求科学，这正是我们这个国家、我们这个社会所需要的，也是我们实现自我的必经道路。将追求科学作为自我追求，这样才能让我们在求学道路上有动力，有目标，不会迷惘。

李同学：结束该节课后，我有深刻的体会，我们青年身处时代的风口，我们不求如此伟大，但求有益于社会与民众。"故今日之责任，不在他人，而全在我少年。少年智则国智，少年富则国富；少年强则国强，少年独立则国独立；少年自由则国自由，少年进步则国进步……"

王同学：作为新时代青年的我们正处于一个伟大的时代，我们有很多压力也有很多机遇，我们是实现伟大中国梦的主力军。就像老师所讲的那样，青年正处于人生的积累阶段，需要像海绵吸水一样汲取知识。我们应该担起历史的责任，好好规划自己的成长途径，树立正确的青年观，为民族复兴、社会发展添砖加瓦。

五、案例简评

1. 切实加强领导

校团委高度重视，切实加强组织领导，由主要负责同志牵头成立专门领导机构，统筹做好各项任务部署实施，履行好具体职责，抓好落实。

2. 周密谋划实施

牢牢把握正确导向，聚焦学习宣传贯彻习近平新时代中国特色社会主义思想，精心做好讲师队伍遴选培养和宣讲内容把关工作。立足实际，积极发挥主动性和创造性，打造真正贴近青年、各具特色的"青年讲师团"。

3. 务求工作实效

坚决杜绝形式主义，既注重讲师队伍质量，又重视宣讲活动实效，坚决避免唯人数、唯场次、唯场面论，避免只见部署、不见动作，只建队伍、不见宣讲。建立科学有效的工作流程和管理机制，在讲师遴选、队伍管理、组织宣讲、效果评估等方面形成工作闭环，真正做到对广大青年群体广泛覆盖、取得实效。

（五）【思想政治与道德素养类案例分享】——西南交通大学"国旗下的团课"系列活动

重要节日、纪念日是开展思想引领的好时机
——西南交通大学"国旗下的团课"系列活动

一、育人目标

以习近平新时代中国特色社会主义思想和党的十九大精神为指引，弘扬社会主义核心价值观，带领青年学生参与重要节日、纪念日庆典和升旗仪式。通过仪式教育，结合团课的实质内容，带领学生认真学习领会习近平总书记关于青年工作的重要思想。同时将团课同团组织生活的"三会两制一课"制度结合，引导青年学生增强"四个意识"、坚定"四个自信"、做到"两个维护"，更加坚定地跟党走，为夺取新时代中国特色社会主义伟大胜利、实现中华民族伟大复兴的中国梦汇聚起磅礴的青春力量。

二、基本信息

课程简介	学校筹备举办"国旗下的团课"主题活动，进一步加强爱国主义教育，弘扬爱国主义精神，强化青年学子仪式感召，激发广大师生的爱国荣校热情，引导交大青年自觉将个人理想追求融入党和国家的事业之中，为实现中华民族伟大复兴贡献聪明才智。		
课程名称	国旗下的团课	课程类别	思想政治与道德素养
课程容量	25000 人	选课人数	25000 人
开课单位	国旗班/ 信息科学与技术学院	负责教师	李娜/廖凡/张敬文
面向对象	全校学生	授课方式	活动

三、主要做法

1. 仪式设置条例清晰

本课程依托于西南交通大学国旗班较高的训练水平和升旗仪式展示水平，设置了迎国旗、唱国歌、升国旗仪式，让青年学生在庄严、肃穆情景下向国旗致敬。升旗后邀请党团课教师讲团课、学生代表发表国旗下演讲，最后开展入团仪式，由国旗班成员领誓，近期入团团员现场宣誓，老团员一同重温入团誓词，让学生在学习重大节日、纪念日的

历史的同时，参与宣誓过程，从而更加坚定理想信念。

2. 团课内容准备充分

根据每年学校共青团主题活动的要求和主题内容，结合重大节日、纪念日的历史背景，策划国旗下团课的具体内容。如 2018 年五四青年节"国旗下的团课"主题为纪念马克思诞辰 200 周年，2019 年五四青年节"国旗下的团课"主题为"青春心向党·建功新时代"纪念五四运动 100 周年。

3. 基层团支部参与和指导

指导所辖团支部结合升旗仪式和国旗下团课，组织学生以"现场团课""国旗下主题团日活动"等形式参与到"国旗下的团课"中，倡导学生积极参与投入，扩大此项目的影响力。特别是在团课后，倡导团支部每年五四、国庆拍摄国旗下的留影，在提升班团组织凝聚力的同时留下青年学生的爱党爱国风采。

四、学生评价

平均评分：5.0 分

部分学生评价：

肖同学： 2019 年，五四运动 100 周年，我有幸作为西南交通大学纪念五四运动"青春心向党，建功新时代"主题系列活动的特别团日活动的演讲者，站在国旗下的那一瞬间，我充满感动。

冯同学： 每一次参加庄严肃穆的升旗仪式，我都倍感荣幸。升旗仪式常常在清晨举行，站在国旗台下看着学校国旗仪仗队迈着整齐有力的步伐走来，伴着庄严的国歌，五星红旗迎着朝阳冉冉升起，我心中充满感动。铿锵有力的国歌合唱声里，满含我们每一个人对国旗的尊重、对祖国的热爱。

胡同学： 升国旗仪式的第二课堂是庄严而有仪式感的。这一场景，无论我们见证过多少次，当国旗冉冉升起，那抹红色总会提醒我们珍惜祖国来之不易的和平富强，不忘初心、牢记使命。

五、案例简评

1. 切实加强领导

校团委和承办学院党委高度重视，切实加强组织领导，由主要负责同志牵头成立专项工作组，协调国旗班和团课讲授老师、演讲学生等，统筹做好各项任务的部署实施，履行好具体推动职责，抓好工作落实。

2. 仪式教育

牢牢把握正确导向，以"爱国主义教育"为核心，破解学生进入大学后集体参与升旗仪式等爱国主义教育机会少的困局，将集体教育、爱国主义教育集中在庄严、肃穆的升旗仪式中，让学生在亲历中体验，在引导下思考。特别是新团员入团和重温入团誓词环节，通过宣誓活动，营造浓厚团建活动氛围，让青年团员通过宣誓，用仪式感增强使命感，强化责任担当，不忘跟党初心，始终坚定不移跟党走。

3．加强组织力度

升旗仪式及国旗下的团课的质量与国旗班的训练成效息息相关，更依托于参与的组织情况和青年学生的覆盖情况。团课和团支部的组织动员工作相结合，并使之成为基层组织建设中的重要考核环节，扩大活动青年团员的参与覆盖面，提高学生团干部组织活动的积极性，也有利于丰富团组织活动内容，提升团组织育人工作的工作效果。

二、学术科技与创新创业类项目

（一）项目建设内容与培养目标

1．培养目标

根据国务院办公厅印发的《关于深化高等学校创新创业教育改革的实施意见》《关于进一步做好新形势下就业创业工作的意见》《国务院关于大力推进大众创业万众创新若干政策措施的意见》等文件要求，学术科技与创新创业类课程的目标是通过系列相关讲座、活动和实践课程，帮助大学生提升专业学术能力，从而具备较强的创新意识和创新能力，加强科学研究教育和创新创业教育。

2．课程内容

学术科技与创新创业类项目形式分为讲座、活动和竞赛，采用理论和实践结合的方式，主要记载大学生参加学术科技竞赛、创新创业类活动等经历，以及获得的相关荣誉，开设不同类型项目，从不同维度用学生喜闻乐见的方式来提升专业学术能力、创新精神和批判思维，加强科学研究教育和创新创业教育。

（1）讲座类：传播科技学术前沿知识，交流创新经验和学术经历的讲座。

如：前沿科技讲座、学术沙龙、朋辈交流等。

（2）活动类：提升创新意识和创新能力的多人参与的活动。

如：创意大赛、创新实践基地参观、创新项目开放日等。

（3）竞赛类：通过特定的规则和评比标准，一人或多人参与的学术科技与创新创业相关的比赛。

如："挑战杯"中国大学生创业计划竞赛、"互联网+"大学生创新创业大赛等。

3．指导教师要求

指导教师作为项目负责人，要求思想素质好、责任心强、热爱学生工作、关心学生成长；具有学术科技与创新创业相关成果，有一定的科研项目和科创竞赛指导经验；有组织各类活动和比赛的经验，需要做好学术科技与创新创业项目的前期设计准备、实施过程的跟踪管理和后期的总结评价工作。

（二）项目建设质量标准与评价体系

1. 课程体系内容及建设标准

学术科技与创新创业类课程，旨在为青年大学生搭建培养科研意识、提升科创能力、动手实践、互动交流的平台，从"创新""创意""创业"三个维度出发，紧密联系第一课堂与第二课堂，帮助大学生提升创新动力，提高创新能力，增强创新毅力。

提升创新动力。通过项目的实施，为青年大学生解读创新创业政策，了解科技前沿知识，分析当前创新创业环境，完善奖励制度，提供优质师资和硬件平台，提升大学生创新创业动力。

提高创新能力。通过项目的实施，让青年大学生有动手实践的机会，在实践的过程中验证各种创新想法，在校园中就能积累经验，提高大学生创新创业能力。

增强创新毅力。通过项目的实施，一方面提供多类活动和竞赛，让大学生有失败后再挑战的机会；一方面开展专家访谈和朋辈交流，让大学生能够站在巨人的肩膀上前行，增强创新毅力。

表 2-5　学术科技与创新创业类课程体系

能力培养	课程内容	课程类别
基础理论	创新理论、创新的基本技法，创业过程、创业计划和风险	创新创业基础课 大学生创业指导课 方法与实践课等
竞赛技巧	竞赛形式、竞赛步骤、竞赛破题、目标识别，决策力、人际交往能力	
组织管理能力	团队管理、资源管理、模式开发	
道德素养	创新创业思维、价值观、责任感	
专业知识	专业性、针对性、特殊性	
行业知识	职业性、行业性、分类性	

表 2-6　学术科技与创新创业类课程建设标准

一级指标	建设内容	权重
1 立德树人	1-1 能将社会主义核心价值观融入教学过程中，能起到潜移默化的教育效果	10%
	1-2 能有效挖掘教学内容中的德育元素，将教学内容与德育有机融合	
	1-3 能将"以人为本"理念贯穿于教学全过程，注重人的全面发展	

续表

一级指标	建设内容	权重
2 高阶性	2-1 能有效引导学生自主学习基础知识，且效果显著	20%
	2-2 能有效创造教学情景，培养学生分析问题的高级思维（比如系统思维、辩证思维、抽象思维等），要有教学案例和模式	
	2-3 能将训练学生解决复杂问题的综合能力和培养学生解决复杂问题需具备的基本素质，有机融合，要有教学案例和模式	
3 创新性	3-1 能将本课程前沿性和时代性的内容及时纳入课堂教学中	20%
	3-2 能将探究式、互动式、启发式教学模式运用于课堂教学，至少开展一次实践教学	
	3-3 能将现代化教学手段应用于课堂教学，网络教学平台应用效果显著	
4 挑战度	4-1 能有效提升项目内容难度，学生需要系统思考和持续训练方能达到教学目标，要有教学案例和模式	20%
	4-2 能有效拓展项目内容深度，基础性与前沿性、聚焦性与整体性有机统一，课程至少要结合一项科研项目	
5 学生中心	5-1 教学过程中学生主体性能得到充分体现；教师的知识建构者和情景设计者的作用能得到充分发挥	10%
	5-2 因材施教，注重学生个性化培养，教学过程的组织能关注到学生间的差异，出具学生课程分析报告	
6 成果导向	6-1 让学生知晓本项目的项目目标，且教学过程围绕项目目标和项目大纲展开，项目成果获得省部级及以上奖项	10%
	6-2 学生有较好的获得感，学生所得能有效支撑学生学习与发展，学生评价好评率不低于 90%	
7 持续改进	7-1 课程具有内部教学质量监控和外部评价/跟踪反馈双重机制，形成完整有效的"评价—反馈—改进—再评价"循环体系，充分保证人才培养质量	10%

2. 课程评价体系

课程评价体系，是指检查课程的目标、编订和实施是否实现了教学目标，实现的程度如何，以此来判定课程设计的效果好坏。课程评价体系以具体的课程为对象，主要用于评价学生在学习课程后的能力水平和评价课程教学质量，内容包括课程目标、考核对象、考核环节、考核知识、考核能力这 5 个方面。

表 2-7　学术科技与创新创业类课程程评价体系

考核对象	考核环节	考核知识	考核能力
教师 学生	交流提问 学科竞赛 科研项目	竞赛知识题 （单项选择、填空） 竞赛实际操作题 （作品、科研报告等）	对基本知识的了解和熟悉 实际动手能力 团队合作能力 指导能力等

3. 课程评价内容及标准

（1）课程立项

课程立项应重点做好课程准备和课程评估工作，课程准备包括课程教学大纲、教学组织形式、课程设计、授课教师等，课程评估包括课程考核内容、考核标准、考核材料汇总、答辩与评审等，课程准备和课程评估都将直接影响课程实施效果。

（2）课程跟踪

在课程开展过程中，通过参加课堂、负责人汇报或项目资料审核的方式对项目重要节点进行考核，了解项目进展、团队的实践态度、组织管理等方面的情况。

（3）课程验收和评价

做好对项目材料的验收，主要包括项目策划、项目实施、项目总结材料等。进行项目实施效果的评价，通过第二课堂系统查看学生成绩与课程满意度、收获度反馈，评估项目影响力。

（三）"精品课程"建设质量标准与评价体系

学术科技与创新创业类"精品课程"，不只是简单的单一活动，而是多种类型组成的综合课程，让知识、能力和素质三者有机融合，重在提升学生科技创新能力，培养具备解决复杂问题的综合能力和高级思维的高水平青年大学生。

"精品课程"项目负责人具有丰富的思想政治教育经历和指导学术科技与创新创业类项目的经验，团队成员师德师风优秀，结构合理、人员稳定。项目采用理论与实践、课内与课外相结合的方式，将"精品课程"建设与思想政治教育、社会实践教育、专业教育紧密结合。

"精品课程"项目内容规范完整，体现前沿性和时代性，反映学术科技与创新创业最新的发展趋势和成果。学生参与度高，选课学生评价好。同时做好"精品课程"的成果汇总和总结，成果在省部级及以上的竞赛中能取得成绩。

（四）【学术科技与创新创业类案例分享】——西南交通大学新生"设想家"比赛

脑洞大开，创意无限
——西南交通大学新生"设想家"比赛

一、育人目标

大学生科创活动作为大学生活中不可或缺的一部分，对于学生的成长和在校园中选拔培养一批具有发展潜力和综合素养的后备拔尖人才具有重要意义。同时，科创活动能够丰富学生探究知识的方法、提升学生各种能力素养，培养学生综合素质；帮助学生形成正确的世界观。西南交通大学土木工程学院开展了新生科创活动——新生"设想家"比赛，通过竞赛强技能、增素质，实现新生的知识、能力、创新意识全面协调发展的竞赛育人目标。

二、基本信息

课程简介	"设想家"新生建筑模型设计制作竞赛是由西南交通大学土木工程学院大学生科创中心主办的一项校级赛事活动。新生在认真研读赛题后，与队友进行合作，完成收集整理资料、设计模型结构、商讨配色装饰、决定模型建设规划等，用简单的原始材料，制作出自己设计的建筑模型。		
课程名称	新生"设想家"	课程类别	学术科技与创新创业
课程容量	10000 人	选课人数	10000 人
开课单位	土木学院团委	负责教师	周曦/刘萍
面向对象	大一新生	授课方式	竞赛（线下）

三、主要做法

1. 脑洞大开，创意无限，培养学生的创新思维

新生"设想家"比赛重点培养大学生的创新思维、实际动手能力和团队协作精神，丰富校园教学、实践氛围，促进大学生相互交流与学习。截至 2021 年，以培养学生的创新思维为比赛宗旨，新生"设想家"比赛持续举办十余年，参赛人数累积超过 10000 人次。

2. 以赛促学，培养新生"四个能力"

土木工程学院经过十余年的积累与沉淀，将新生"设想家"比赛打造成提升学生培养质量的重要综合平台。依托学生掌握的专业知识和主观能动性，大赛在培养学生表达能力、应用能力、创新能力、社会担当能力方面发挥着重要作用。

四、学生评价

平均评分：4.9 分

部分学生评价：

门同学： 作为大一新生，刚来到校园，对校园里很多的科创活动都有浓厚的兴趣，但是由于自身专业能力有限，对部分科创比赛只能望而却步。但新生"设想家"比赛不同，它不需要太多的专业知识，只要你有奇思妙想，就能来参加。

李同学： 参加完新生"设想家"大赛，我收获了一群好队友好朋友，在模型制作过程中，我们不断的磨合与协助，相互鼓励支持。虽然经历了一次次的失败，但是我们最终还是做出了自己心中的那个"设想家"模型。

王同学： 新生"设想家"比赛给了我一个把自身想法落实到模型的机会。进入大学校园前的我拥有无数的奇思妙想，而在这次比赛中，我和队友相互扶持，共同努力，发挥自身的创造力和创新精神，将零星的设想变成了实际的"设想家"模型，在参赛的同时也收获了满满的成就感和珍贵的友谊。

五、案例简评

1. 坚持竞赛育人目标

大赛始终坚持以赛促学的形式，通过竞赛强技能、增素质，从而实现新生知识、能力、创新意识全面协调发展的竞赛育人目标。

2. 工作落地落实

大赛由土木工程学院团委统筹部署，土木工程学院大学生科创中心举办，新生年级辅导员全程参与，将工作做实做细，落地落实。

3. 培养新生创新能力及全面思考能力

新生"设想家"赛题更关注模型作品的实际性和创新性，极大程度激发了新生参加学科竞赛的兴趣，进一步开拓了学生的创新思维、提升了实际动手能力，让学生在发挥创造力的同时思考模型的可行性和可操作性，使得学生在之后的学习生活中对问题的思考更加全面。

三、艺术体验与审美修养类项目

（一）项目建设内容与培养目标

1. 培养目标

根据《教育部关于推进学校艺术教育发展的若干意见》《教育部关于开展高雅艺术进校园活动的指导意见》《全国高校艺术教育发展规划（2001—2010）》以及《学校艺术教育工作规程》《关于加强全国普通高等学校艺术教育的意见》等纲领性文件，艺术体验与审美修养类课程的目标是通过一系列的艺术素养相关理论及校园文化艺术实践活动，帮助学生从整体上认识艺术，提高文化艺术理论修养和艺术鉴赏能力，是一门参与性极强的审美教育，通过让学生参与艺术审美活动，获得审美体验，鼓励学生"多思考，多读书，多写作，多研究"，从而培养其感受美、表现美、欣赏美、创造美的能力，引导学生树立正确的审美观念，陶冶高尚情操，促进身心全面发展。

2. 课程内容

开设加强通识教育、文化艺术素养教育和精品文学鉴赏等内容的项目，主要记载大学生参与文学、艺术和人文情怀类活动等经历，以及获得的相关荣誉，以讲座、活动、竞赛、展览为课程主要依托形式。

（1）讲座类：邀请指导教师、专业人士等主讲的专业相关或兴趣外延的教学活动形式。

如：艺术漫谈、生涯人物访谈、礼仪与文化讲座等。

（2）活动类：具有鲜明的目的性、策划详细的多人参与的涉及文化艺术熏陶的综合性活动。

如：音乐节、文化节、诗歌朗诵、晚会、建造节等。

（3）竞赛类：在一定规则之下、具有一定竞争性或具有奖励制度的艺术作品竞赛。

如：全国大学生广告设计大赛、校园主持人大赛、环保作品征集赛等。

（4）展览类：围绕特定的主题，涉及文化艺术浸润的艺术展览。

如：数学中的艺术美展览、孔子诞辰书画展、主题摄影展等。

3. 指导教师要求

指导教师作为项目主要负责人，应具备思想素质好、责任心强、严于律己、热爱学生、关心学生成长和成才的基本素质；长期从事学生工作或具备一定的艺术素养、审美评价能力，热心大学生文化艺术教育工作；有组织开展各类文化艺术活动的经验，熟悉大学生对校园文化艺术活动的需求。指导教师需要做好项目的前期设计准备、实施过程的跟踪管理和后期的总结评价工作。

（二）项目建设质量标准与评价体系

1. 课程体系内容及建设标准

艺术体验与审美修养类课程，围绕知识、技能、实践三个方面搭建课程体系，重点突出学生对美的认知概念及其艺术能力、审美能力及实践能力的个体培养目标，促进学生主体意识的觉醒，激发自身想象力、创造力、鉴赏力，切实提升大学生审美认知。

表 2-8　艺术体验与审美修养类课程体系及内容

课程体系	课程内容
知识	建立并优化科学的、完善的艺术体验与审美修养课程体系，以艺术鉴赏为主，了解不同门类艺术知识为辅，强调艺术文化知识的沁润，使学生通过对艺术形式的亲历在思想、情感、认识上发生深刻的变化，从而获得相关的审美认识和审美情感
技能	开展审美体验类课程以及各类艺术竞赛，着重锻炼学生的艺术能力（感知力、想象力、创造力、欣赏力等）和审美能力（对美的感受力、鉴赏力、创造力）

课程体系	课程内容
实践	将艺术学问性知识与体验性知识、跨学科性知识与学生感兴趣的问题以实践的形式结合起来，重点强调实践性、整体性、开放性，创新性。促进学生主体意识的觉醒，激发想象力、创造力和审美力

表 2-9　艺术体验与审美修养类课程建设标准

一级指标	二级指标	基本要求
1 总体要求	1-1 高水平	通过艺术基本知识和技能方法的沁润式教育，充分调动学生的主观能动性和主体作用，培养其对艺术的兴趣和健康的审美观念和情趣，促进学生艺术修养形成与发展
	1-2 引领性	具备"高阶性、创新性、挑战度"，突出学生为中心，发展学生对艺术文化的兴趣爱好，开发学生的艺术潜能
2 课程团队	2-1 负责人	师德好，具有专业艺术知识，精力充沛、团结协作精神，教学理念先进，有指导校级课程经验
	2-2 团队	师德好，专业结构合理，教学水平高，具有指导校级实践课程背景
3 课程目标	3-1 价值	引导学生树立正确的审美观念，陶冶高尚情操，促进身心全面发展
	3-2 技能	提升学生对美的觉察力、感受力、认知力、创造力，培养学生创造性思维与多向思维方式，使学生初步掌握一定的审美基础知识
	3-3 知识	采用多种方式的教学手段，通过不同艺术门类之间的相互融会，以及与跨学科领域相关知识的相互渗透促进学生综合素养的形成
	3-4 素质	培养学生具有良好职业道德且具备勤奋学习、吃苦耐劳、勇于创新的精神和较强的身体素质，使其有良好心理素质
4 课程内容	4-1 思想性	落实立德树人，发挥价值塑造作用，将课程育人有效落实在课程内容和课程考核中
	4-2 前沿性	有效支撑课程目标的实现，具有国际视野，体现专业领域发展的新理念、新成果、新应用
5 课程设计	5-1 审美情感与态度	通过综合性艺术学习，使学生理解各艺术门类的价值，主动关注生活中的艺术现象，理解艺术与科学、人文精神的统一，养成善于探究、发现的思维习惯

一级指标	二级指标	基本要求
5 课程设计	5-2 艺术知识与技能	通过艺术鉴赏，使学生了解艺术知识及作品风格流派，形成自己的审美风格，能够用艺术信息技术等方式，表达个人情感，与他人交流
	5-3 过程与方法	注重"教"与"学"的互动，理论与实践相结合，使学生根据个人爱好，选择性地参加各类艺术实践活动
6 课程考核	6-1 过程性	注重过程考核和评价，突出学生对基础知识的了解，个人审美能力和艺术能力的掌握，过程考核占比不低于 75%，形式不少于 2 种
7 学习效果	7-1 互动性	学生课堂学习参与度高，生生、师生互动性强
	7-2 达成度	课程目标达成度高，总评成绩及格率高于 90%
	7-3 质量评价	学生对课程满意度高，教学质量评价处于所在版块活动评价前 30%

2. 课程评价体系

艺术体验与审美修养类课程评价体系的构建及评价指标的设计，应形成分别以教学过程和结果为观测点的一种综合教育评价，重点突出学习过程评价，充分调动、发挥学生的主动性和想象力，了解学生艺术体验的效果以及审美修养的提升度。

表 2-10　艺术体验与审美修养类课程评价体系

评价目标	评价对象	评价方法	评价内容
教学过程和结果（综合评价）	教师 学生（自评+互评）	突出过程评价，采用课堂训练、实地参观、问卷调查法、学生在校期间的自我评价与毕业后用人单位的他人评价相结合的方法等	教学目标 教学内容 教学方法 教学效果

3. 课程评价内容及标准

（1）课程立项

课程立项应重点做好课程准备和重点工作的评估工作，包括课程负责人、主讲老师的能力摸底评判工作，负责人、主讲老师的能力素质决定了课程实施的最终效果。

（2）课程跟踪

在课程开展过程中，通过参加课堂、负责人汇报或项目资料审核的方式对项目重要节点进行考核，了解项目进展、团队的实践态度、组织管理等方面的情况。

（3）课程验收和评价

做好对项目材料的验收，主要包括项目策划、项目资源、项目总结材料等。进行项目实施效果的评价，通过第二课堂系统查看学生成绩与课程满意度、收获度反馈，评估项目影响力。

（三）"精品课程"建设质量标准与评价体系

艺术体验与审美修养类"精品课程"，应当将一般基础课程，通过内容进阶提升，进一步转化为可拓展、可探究的课程发展方向。应具备高质量的建设标准，配备高要求的结果考察、高质量的素质培养以及高水平的成果反馈，成为能够使学生自主运用探究性学习方式，针对某一艺术领域的问题进行更深入地学习，思考，从而获得并应用新的知识，培养发现问题，解决问题的能力的课程。

以项目理念、项目方案、项目团队、项目执行、实施基础为基本建设内容，聚焦人才培养，助力成长成才，从"精知、精行、精践"着手，充实课程内容，逐步形成"系列化、可持续"的金牌课程，打造一定的知名度。

以课程参与、课后实践、实践成果为可量化的考察项目，鼓励学生在参与的过程中多思考，在实践的过程中多感悟，在课程结束后多总结，争取将成果汇总并参与到一定形式的成果汇展或者相关竞赛中。

（四）【艺术体验与审美修养类案例分享】——西南交通大学文化艺术系列作品展

美育传统引入思政实践
——西南交通大学文化艺术系列作品展

一、育人目标

美育关乎全民族综合素质，并且在培养高端艺术人才、塑造青年一代美好心灵、提升全民审美素养、激发全社会创新活力等方面都具有不可替代的重要作用。建筑与设计学院以习近平新时代中国特色社会主义思想为指导，以立德树人为根本，以社会主义核心价值观为引领，以提高学生审美和人文素养为目标，立足学院学科特色与优势，把美育纳入全院各专业人才培养计划。学院通过打造品牌化、系列化、传统化艺术文化展览活动，上承中华民族优秀传统文化，下启美育教育创新方式，用文化浸润学院，用艺术点缀校园，引导学生近距离感受美、创造美、传递美，培养德智体美劳全面发展的社会主义建设者和接班人。

二、基本信息

课程简介	有别传统作品展中只供参观的单一形式，本课程分别设置参观、参赛、自由创作不同梯度层次： ① 参观——以观众身份浏览各种作品展； ② 自由创作——提供石头、叶脉等材料，观众在参观之余可亲自参与涂鸦、叶脉书签绘制等自由创作； ③ 参赛——红色文化艺术作品展、廉洁文化作品展、红色文化摄影展等面向全校师生收集主题艺术作品，带动师生从欣赏美投入到创造美的实践活动中，增强师生的体验感。		
课程名称	文化艺术作品展	课程类别	艺术体验与审美修养
课程容量	1500人	选课人数	1500人
开课单位	建筑与设计学院	负责教师	孔翔榆
面向对象	全校学生	授课方式	活动（线上/线下）

三、主要做法

1. 夯实思政教育，突出文化美育

（1）作品内涵与时俱进：在传承中华民族优秀传统文化的同时与时俱进，围绕习近平新时代中国特色社会主义思想、国内形势政策、爱校荣校精神、红色文化，分别开设了"共抗疫情，爱国力行"大学生红色文化作品展、"岁月如歌，交大筑梦"艺术作品展等系列展览，紧跟时政热点，突出文化美育。

（2）体验方式层次丰富：有别传统作品展中只供参观的单一形式，本次课程中，分别设置参观、参赛、自由创作不同梯度层次。

（3）动员师生积极参与：构建美育与专业共融的双向互动美育途径，准备过程中积极动员校、院师生参与。截至 2021 年 3 月，文化艺术系列展览共开展 10 余场，线上线下展览共 15000 余人次参与。

2. 凝聚抗疫力量，宣扬红色精神，云端展览亮点

疫情期间，本课程响应国家号召，特殊时刻也不忘凝聚力量、鼓舞人心。课程推出线上展览新形式。在云端文化艺术作品展中，运用 VR 技术，探索虚拟体验向真实体验的延伸，为观众提供三维沉浸式体验，带给观众深刻的感官体验。3 场次云端红色文化艺术作品展，覆盖了约 8000 人次的师生，为创新型的"思政+美育"方式创造出了优秀先例。

四、学生评价

平均评分：5.0 分

部分学生评价：

王同学：走进西南交通大学美术馆，近距离欣赏"共抗疫情，爱国力行"大学生红色文化作品展，我为交大师生炽热的爱国情所感动。展览作品种类繁多，不仅有传统书

法作品，也有现代创意新作，展示了交大人尽情讴歌新时代、凸显新作为、唱响新篇章的雄心和伟力，鼓舞人心。

李同学：中华优秀传统文化博大精深、源远流长。红色文化作品展、毕业作品展等艺术文化展览活动，表达了交大师生对祖国的热爱，对传统文化的继承，对抗疫的坚决，对我们进一步提升家国情怀、强化报效国家的担当精神有着深远的意义。

钱同学：作为建院学子，我们学院开设的每场"红色文化艺术展"以及毕业作品展我都有参加。给我印象最深刻的就是疫情期间学院贴心地为我们准备的线上"共抗疫情，爱国力行"红色文化作品展以及 VR 毕业作品展，我作为参与者和观赏者，不仅可以参赛来绘制出自己眼中的"共同战疫"，也在作品展中看见了许多富有红色精神、承担时代使命的作品，不由感慨万分！

五、案例简评

1. 加强美育教育组织建设

结合建筑与设计学院"艺术底色、设计基础、专业厚度"办学理念，切实加强组织领导，由学院党委牵头，行政协同，探索和构建"党建思政与学术教学共进、美育与专业共融"的双向互动美育途径，进一步完善"以文化人、以美育人"体系建设。

2. 落实美育教育"三全育人"

以"美育"为核心，抓好美育教师源头培养，着力构建"美育链接、美育内涵、美育氛围、美育环境"的"四美工程"，动员全院师生参与，扎实推进美育教育全员、全程、全方位育人，追求工作实效，用中华民族优秀传统文化浸润学生心田。

3. 发挥美育教育品牌引领

以艺术文化展览为美育教育主要形式，持续推进高雅艺术进校园，打造建筑与设计学院知名美育品牌。引领广大青年学生领略艺术经典、塑造健全人格，通过全媒体向社会展现校、院美育传承中华优秀传统文化的成果。

四、文化沟通与交往能力类项目

（一）项目建设内容与培养目标

1. 培养目标

习近平总书记在庆祝中国共产党成立 95 周年大会上的讲话中提到"文化自信，是更基础、更广泛、更深厚的自信"，开设文化沟通与交往能力类项目主要目标就是通过不同的文化交流方式培养学生基本的文化素养，并通过一定的实践锻炼，提高学生文化沟通的方法与能力，拓宽学生文化交流的渠道和视野，从而使学生在交往沟通实践中树立文化自信心，在更开放的环境中成长，适应新时期社会对人才的需求，同时实现文化的传承与创新。

2. 项目建设内容

文化沟通与交往能力项目建设内容为开设培养语言表达能力、团队合作能力和跨文化交流、提升全球视野等内容的项目，主要记载大学生参与团队训练、演讲辩论和跨文化交流活动等经历，以及获得的相关荣誉。

文化沟通与交往能力类板块项目设计类型包括活动形式、讲座形式以及竞赛形式。

（1）讲座类

讲座类项目指邀请教师、指导老师及其他专业人士等主讲的与文化交流、国际化视野相关或外延的教学活动形式。此类项目主体为主讲人，主讲内容的审查和正确把握是意识形态工作关键一环，如何提高学生的参与度与效果反馈是讲座类项目的重要策划内容。

如：青年讲师团宣讲、团学干部经验交流会、出国留学系列讲座等。

（2）活动类

活动类项目指具有鲜明目的性、策划详细的多人参与的涉及团队沟通、文化交流的主题活动及其他相关活动，此类项目大多为大型或中型活动，传播较广、受众较多，且开展形式符合大多数学生的兴趣需求，项目的文化内涵高雅、文化内容丰富是策划组织及审核评价的关键点。

如：大学生文化艺术节、英语沙龙、学生国际化交流会、朗读者活动等。

（3）竞赛类

竞赛类项目指在一定规则之下、具有一定竞争性质或具有奖励制度的活动。此类项目的主要内容是竞赛机制设置，打造"公平、上进、和谐"的竞赛氛围。

如：辩论赛、主持人大赛、大学生演讲比赛等。

（二）项目建设质量标准与评价体系

1. 课程体系内容及建设标准

文化沟通与交往能力课程作为文化输出的重要途径和综合人才培养的关键点，项目必须达到高水平，将文化传播与能力素质提升有机融合，在保证课程质量的同时，要有较强的代表性、示范性，课程在过去几年已经形成完善的项目实践，可输出完整且有较强传播性的经验模式。

表 2-11　文化沟通与交往能力类课程体系及内容

课程体系	课程内容
知之	开展高质量的讲座、分享类活动，以文化知识普及和沟通交往基础技能掌握为重点，提高学生文化素养、交往沟通技巧以及国际视野等
行之	开展有特色的竞赛、交流活动，以学生沉浸式体验和知识技能理解为重点，切实提升学生文化沟通与交往能力
践之	开展综合型大型活动、社会实践活动，以学生知识技能应用和综合能力提高为重点，使学生在实践中提高自己、服务他人、服务社会

表 2-12　文化沟通与交往能力类课程建设标准

一级指标	二级指标	基本要求
1 总体要求	1-1 思想性	落实立德树人，发挥价值塑造作用，弘扬正能量，践行社会主义核心价值观，将思想政治教育、文化素养教育、综合素质教育化为项目内容，体现文化育人宗旨
	1-2 高水平	切合学生有价值的内容和感兴趣的形式，充分激发学生学习的主观性、能动性、自觉性，切实提升大学生文化沟通与交往能力
	1-3 引领性	具备"示范性、创新性、挑战度"，形成较大的教学影响力
2 课程团队	2-1 负责人	政治立场坚定，思想进步，在文化素养和组织领导方面有较高水平，文化类活动指导经验丰富，在推进"文化沟通与交往能力"精品课程建设中投入精力大
	2-2 团队	团队结构设置为"负责人—主讲老师—社团学生干部"，多层级协调分工合作，主讲老师有一定的文化类活动指导经验，文化素养高，课堂表现力强；社团学生干部协助"精品课程"开展具体组织工作，熟悉二课堂活动组织流程，有较好的协调组织能力
3 课程目标	3-1 价值	价值塑造，完善大学生个性，健全人格，增强人格魅力
	3-2 能力	能力培养，培养学生基本的文化素养，提高文化沟通的方法与能力，增强团队协作能力，具有国际视野，在交往沟通实践中树立人身自信、文化自信
4 教学设计	4-1 创新性	项目内容有时代文化特点，价值观传播和能力维度构建符合大学生需求，项目形式体现先进性、多样性和互动性
	4-2 综合性	课程环节配置丰富多样，模块分配合理，不断更新和完善，保证学生高参与度
	4-3 指导性	项目具备"精品课程"开设的必备条件，并已形成成熟的开展模式，对于同类活动的开展具有很强的借鉴与指导作用
5 课程考核	5-1 过程考核	注重过程考核和评价，突出对学生学习态度的评价，过程考核占比不低于50%，形式不少于2种
	5-2 结果考核	突出对学生学习收获的评价，考核形式根据课程类型确定
6 学习效果	6-1 互动性	学生课堂学习参与度高，生生、师生互动性强
	6-2 达成度	课程目标达成度高，总评成绩及格率高于90%
	6-3 质量评价	学生对课程满意度高，在系统的活动反馈评价处于所在版块活动评价前30%

2. 课程评价体系

课程评价体系的构建及评价指标的设计，是以教学过程和结果为评价对象的一种教育评价，其评价主体为教师与学生，评价内容是课程目标、教学内容、教学设计以及学习效果。

表 2-13　文化沟通与交往能力类课程评价体系

评价目标	评价对象	评价方法	评价内容
教学过程和结果	教师 学生	问卷调查法、课程嵌入式评价法、教师自评法、学生在校期间的自我评价与毕业后用人单位的他人评价相结合的方法等	教学目标 教学内容 教学方法 教学效果

3. 课程评价内容及标准

（1）进行文化沟通与交往能力课程准备以及评估。

做好项目准备和评估工作是实现第二课堂教学目标的必要条件，包括做好项目负责人、主讲老师的能力摸底评判工作，负责人、主讲老师的能力素质决定了项目实施的最终效果。

（2）跟踪项目重要节点。

在项目开展过程中，通过参加课堂、负责人汇报或项目资料审核的方式对项目重要节点进行考核，了解项目进展、团队的实践态度、组织管理等方面的情况。

（3）项目后期的验收和评价工作。

做好对项目材料的验收，主要包括项目策划、项目资源、项目总结材料等。进行项目实施效果的评价，通过第二课堂系统查看学生成绩与课程满意度、收获度反馈，评估项目影响力。

（三）"精品课程"建设质量标准与评价体系

文化沟通与交往能力类"精品课程"，相比于一般课程，具有"内容更实、形式更新、质量更高"的特点，课程建设标准进阶性提高，同时配备高水平主讲老师和时间、精力高投入的组织管理团队，学生可获得更大空间的素质能力提升。

以项目理念、项目执行大纲、项目团队、项目支撑基础为基本建设内容，聚焦培养学生的文化自信、沟通技能和国际视野，助力学生成长成才，从"精知、精行、精践"着手，充实课程内容、创新课程形式，逐步形成"系列化、可持续、可示范"的金牌课程，打造一定的知名度。

同时以课程参与度、课程实践、课程实践成果作为可量化的考察要点，鼓励学生在参与的过程中多思考，在实践的过程中多感悟，在课程结束后多总结，争取将成果汇总并参与到一定形式的成果汇展或者相关竞赛中。

（四）【文化沟通与交往能力案例分享】——西南交通大学"女生节"活动

与女生的春日邂逅
——西南交通大学"女生节"活动

一、育人目标

"中国将更加积极贯彻男女平等基本国策，发挥妇女'半边天'作用，支持妇女建功立业、实现人生理想和梦想。"党的十八大以来，以习近平同志为核心的党中央高度重视妇女事业，习近平总书记在不同场合多次强调发展妇女事业的重要意义，为妇女工作的开展指明了方向。

进入新时代，为了彰显高校女生的青春活力，西南交通大学团委主办，西南交通大学材料学院、建筑学院承办的女生节应运而生。女生节内容新颖、活动丰富，意义在于引导广大女生更多关注自身的道德修养、文化内涵、心理健康、从容自信等综合素质的提高，帮助女生正确看待和审视自己，走成长、成才、成功之路，实现人生理想和梦想。此次活动带给她们一些创新、有价值的收获，让校园里的女生成为绚丽的色彩。最新计划推出的"女生节"活动在继承了往届活动优秀传统的同时，又大胆改革、推陈出新，力求让交大女学子体会被尊重和关爱，同时树立榜样，让她们能够在榜样的力量下去行动，让理想成为现实。

二、基本信息

课程简介	女生节重要的意义在于引导广大女生更多关注自身的道德修养、文化内涵，心理健康，从容自信等素质的提高，并帮助女生正确看待和审视自己，走成长、成才、成功之路，在未来的路中洋溢自信与热情。希望此次活动带给她们一些新鲜的、有价值的收获		
课程名称	女生节	课程类别	文化沟通与交往能力
课程容量	830 人	选课人数	828 人
开课单位	材料科学与工程学院	负责教师	梁喻嘉
面向对象	全校学生	授课方式	活动（线上/线下）

三、主要做法

1. 不一样的女生节，彰显每一位交大女性的别样风采

本次活动致力于进一步深化"女生节"的广度与内涵，让"女生节"真正做到使每个女生都能够参与，使每一位女性都得到尊重。此次活动不仅展现了各个学院女生的青春风采，还增添了通过院、校官媒推出的对于西南交通大学 5 名典型模范优秀女性教师的采访，以此展现我校女性教职工不让须眉的风采，彰显我校女性职工积极向上的科研

风貌、管理风采。与此同时，对食堂阿姨、宿管阿姨、保洁人员等进行视频采访并制作成"女生节"的宣传影片，借此来表达"女生节"的主旨，即应该发掘每一位女性的魅力与价值，通过树立各类奋斗自强的女性形象，引导女性大学生向上向善，树立正确的人生目标，有合理的追求和信仰，在身边发现正能量的榜样，并充实自己的大学生活，真正活出自己的风采。

2. 嘉年华精彩纷呈，在娱乐中彰显新时代女性风采

最新一次"女生节"延续往年嘉年华的主体形式，活动精心设计，活动区域有女生心愿区、闯关游戏区、表演区、礼品区等。

在心愿区，每个女生填写心愿后即可领取一份礼物。在闯关游戏区，设计了 8 个与主题契合的情节性游戏，在游戏的设计中体现本次活动的主题，增强到场的同学们的活动参与感。工作人员将会在游戏点为完成游戏者盖章，游戏参与者将会根据游戏的成绩赢取相应的精美小礼品。在表演区，设计了多种类型的趣味文艺表演，通过街舞、体育舞蹈、歌曲、魔术、相声等丰富多彩的表演形式让每一位到场参与的同学能够感受到"女生节"的活动氛围。同时设置多种自由表演环节，让到场的女生充分展现自我风采。

此次嘉年华参与人数众多，第二课堂报名 828 人，到场参与嘉年华的人数达到 1500 人次，充分实现了在全校范围内展现女性风采，弘扬"女生节"精神的活动目标。

四、学生评价

平均评分：4.5 分

部分学生评价：

颜同学： "女生节"第二课堂活动通过当下流行的微博、QQ、微信等平台，不仅使更多人了解了我校，使我校尊重女性的文化得到了很好的宣传，而且利用发达的网络媒体，充分体现了我校学生跟上时代步伐、改革创新的精神，我觉得"女生节"活动颇具创新意义。

张同学： 作为一名交大学子，我很开心在紧张的学习之余能够参加这样一个旨在展现新时代女性风采，内容新颖、活动丰富的"女生节"嘉年华活动。在活动现场，主办方设置了多种多样的趣味活动，我玩得特别尽兴，充分领略到了新时代交大优秀女性的不凡风采，特别是布置唯美的心愿区，可以让我们写下自己的心愿，给心灵一份出口，实在是不可多得的精品活动。

王同学： 作为一名女生，我觉得这次活动有很好的引导作用。本此女生节并未单一地注重外表的美丽，而是进一步拓宽了女生的广度和深度。当我看到那些优秀的教师工作者和在方方面面各领风骚的优秀女同学们，我受到了极大的鼓舞，我将以她们为榜样，谱写新时代青年女性的青春赞歌。

五、案例简评

1. 高效联动宣传

悉心服务同学，扎实宣传工作，扩大活动受众，充分发挥各大媒体作用，提升活动

影响力，真正实现为全校师生提供思想引领平台。多方联动，各学院与各组织协调配合，打造具有学院品牌的精品校级活动。

2. 立足交大实际

充分考虑交大男女生比例现状，把握新时代女性精神需求，五育并举展现交大女性风采，以嘉年华为载体，传递尊重女生、关爱女生的风尚。娱乐与理念相结合，创新与传统相结合，在全校师生中弘扬了自强自立的女性精神，帮助女生正确看待和审视自己，使其在未来的路中洋溢自信与热情。

3. 精细策划实践

前期精准定位，中期合理规划，后期稳步实施，既注重丰富活动内涵，也充分发挥嘉年华活动灵活欢快的特点。从前期规划到现场布置，各机构密切配合，在前期宣传、物资采购、现场布置等方面做到有章可依，避免了参与人数过多可能造成的混乱，使服务全校师生成为可能，真正做到在全校范围内传达"蜕变"的"女生节"精神。

五、心理素质与身体素质类项目

（一）项目建设内容与培养目标

1. 培养目标

根据《普通高等学校学生心理健康教育课程教学基本要求》《高等学校学生心理健康教育指导纲要》《高等学校体育工作基本标准》等纲领性文件，心理素质与身体素质类课程的目标是通过开展一系列心理与身体素质训练及实践活动，使学生了解心理健康和身体健康的基础知识，了解自我，发展自我，提高自我心理调适能力，具有理性平和的健康心态和良好的体育意识、能力和习惯，培育德、智、体、美、劳全面发展的高素质人才。

2. 课程内容

开设加强心理健康教育、情感情绪管理和身体素质训练、塑造健全人格等内容的项目，主要记载大学生参与心理、情感、体育类活动等经历，以及获得的相关荣誉，以活动、竞赛、讲座为课程主要依托形式。

（1）讲座类：邀请指导教师、专业人士等主讲的专业相关或兴趣外延的教学活动形式。

如：系列讲座、讲坛、沙龙等。

（2）活动类：具有鲜明的目的性、策划详细的多人参与的涉及心理素质、身体素质的综合性活动

如：校园心理剧、团体心理训练等。

（3）竞赛类：在一定规则之下、具有一定竞争性或具有奖励制度的活动学术或体育竞赛。

如：知识竞赛、篮球赛、太极拳比赛等。

3. 指导教师要求

指导教师作为项目主要负责人，应思想素质好、责任心强、严于律己、热爱学生、关心学生成长和成才；长期从事学生工作，有非常丰富的学生心理危机干预经验，热心大学生心理健康教育工作；有组织各类体育活动的经验，熟悉大学生的运动生理，心理需要。指导教师需要做好项目的前期设计准备、实施过程的跟踪管理和后期的总结评价工作。

（二）项目建设质量标准与评价体系

1. 课程体系内容及建设标准

心理素质与身体素质类课程，根据学生学习认知维度，搭建三个层次的课程体系，充分激发学生学习的主观性、能动性、自觉性，凸显心理素质与身体素质教育实效性，切实提升大学生心理素质及身体素质。

表 2-14　心理素质与身体素质类课程体系及内容

课程体系	课程内容
知之	优化心理素质与身体素质课程设置，重点强调知识的普及和掌握
行之	开展有特色的心理素质与身体素质活动，重点强调学生通过参与体验式的活动、竞赛等对知识进一步理解，切实提升自身心理及身体素质
践之	开展社会实践活动，重点强调通过实践服务活动，用心理学、身体素质知识服务他人、服务社会

表 2-15　心理素质与身体素质类课程建设标准

一级指标	二级指标	基本要求
1 总体要求	1-1 高水平	充分激发学生学习的主观性、能动性、自觉性，凸显心理素质与身体素质教育实效性，切实提升大学生心理素质及身体素质
	1-2 引领性	具备"高阶性、创新性、挑战度"，突出学生为中心，注重参与性和趣味性，注重能力培养，体现教学创新
2 课程团队	2-1 负责人	师德好，具备较高专业水平和教学能力，教学理念先进，有指导校级课程经验
	2-2 团队	师德好，专业结构合理，教学水平高，具有指导校级实践课程背景
3 课程目标	3-1 价值	价值塑造，完善大学生个性，健全人格，增强人格魅力
	3-2 能力	能力培养，培养学生意志力，通过参与心理及身体素质课程，使其学会积极的心理调适，提升心理及身体素质

续表

一级指标	二级指标	基本要求
3 课程目标	3-3 态度	主动融入，激发学生学习主动性，使其积极融入心理及身体素质课程学习，有意识提升心理及身体素质
	3-4 认知	知识建构，多层次课程设置注重思维训练与高阶知识、高阶能力的培养
	3-5 担当	责任担当，强调理论与实践相结合，提升学生服务意识
4 教学内容	4-1 思想性	落实立德树人，发挥价值塑造作用，将课程育人有效落实在课程内容和课程考核中
	4-2 前沿性	有效支撑课程目标的实现，具有国际视野，体现专业领域发展的新理念、新成果、新应用
5 教学设计	5-1 创新性	以"学、行、践"为中心创新教学模式，创新课程模式，促进学生主动学习
	5-2 综合性	设有综合性、创新性、协作式的课程内容，促进学生将第一课堂内容进行结合学习
	5-3 指导	建有课程网络学习资源，设立项目导师、朋辈导师，针对学生学习需要，开展第二课堂指导、讨论、路演等活动
6 课程考核	6-1 过程性	注重过程考核和评价，突出对学生能力素质的评价，过程考核占比不低于50%，形式不少于2种
7 学习效果	7-1 互动性	学生课堂学习参与度高，生生、师生互动性强
	7-2 达成度	课程目标达成度高，总评成绩及格率高于90%
	7-3 质量评价	学生对课程满意度高，教学质量评价处于所在版块活动评价前30%

2. 课程评价体系

课程评价体系的构建及评价指标的设计，是以教学过程和结果为评价对象的一种教育评价，其评价主体为教师与学生，评价内容是课程目标、教学内容、教学设计以及学习效果。

表 2-16　心理素质与身体素质类课程评价体系

评价目标	评价对象	评价方法	评价内容
教学过程和结果	教师 学生	心理量表测验法、问卷调查法、课程嵌入式评价法、学生在校期间的自我评价与毕业后用人单位的他人评价相结合的方法等	教学目标 教学内容 教学方法 教学效果

3. 课程评价内容及标准

（1）课程立项

课程立项应重点做好课程准备和重点工作的评估工作，包括课程负责人、主讲老师的能力摸底评判工作，负责人、主讲老师的能力素质决定了课程实施的最终效果。

（2）课程跟踪

在课程开展过程中，通过参加课堂、负责人汇报或项目资料审核的方式对项目重要节点进行考核，了解项目进展、团队的实践态度、组织管理等方面的情况。

（3）课程验收和评价

做好对项目材料的验收，主要包括项目策划、项目资源、项目总结材料等。进行项目实施效果的评价，通过第二课堂系统查看学生成绩与课程满意度、收获度反馈，评估项目影响力。

（三）"精品课程"建设质量标准与评价体系

心理素质与身体素质类"精品课程"，应当在一般课程的基础上进行进阶性的内容提升，更注重心理素质提升和身体素养提升，高质量的建设标准，配备高要求的结果考察、高质量的素质培养以及高水平的成果反馈。

以项目理念、项目方案、项目团队、项目执行、实施基础为基本建设内容，聚焦人才培养，助力成长成才，从"精知、精行、精践"着手，充实课程内容，逐步形成"系列化、可持续"的金牌课程，打造一定的知名度。

以课程参与、课后实践、实践成果为可量化的考察项目，鼓励学生在参与的过程中多思考，在实践的过程中多感悟，在课程结束后多总结，争取将成果汇总并参与到一定形式的成果汇展或者相关竞赛中。

（四）【心理素质与身体素质案例分享】——"谁的月亮谁的心"心理情剧大赛

润物细无声
——西南交通大学"谁的月亮谁的心"心理情剧大赛

一、育人目标

本课程深入贯彻习近平新时代中国特色社会主义思想，致力于服务青年成长成才，聚焦心理健康题材，以舞台剧的表演形式展现心理冲突，以专业评委点评的方式科普心理知识。充分发挥心理专业特色，将心理元素、思想引领与话剧表演有机结合，期望为有才能、有想法、有追求的大学生提供展示自我的平台。同时，引导广大大学生了解心理健康知识、提升心理健康意识、树立正确心理健康观，探索高校心理健康教育的新渠道、新方法。

二、基本信息

课程简介	同学、恋人、师生、室友等之间都可能成为矛盾的聚集地。所以，在遇到自己不能处理的情感问题时，我们不仅需要讲出这些问题来缓解心理压力，更需要心理老师科学的指导，从而使我们能更好地面对生活。本课程向全校征集匿名故事改编的剧本，剧本与心理健康问题或心理知识有关。经评选后选取优良的、有代表性的剧本，招募演员用舞台进行演绎，同时让现场老师进行点评指导，从而达到科普心理知识的目的		
课程名称	"谁的月亮谁的心"心理情景剧大赛	课程类别	心理素质与身体素质
课程容量	1000人	选课人数	1000人
开课单位	心理研究与咨询中心	负责教师	樊菊/靳涵
面向对象	全校学生	授课方式	线下实时舞台演绎

三、主要做法

1. 密切各方联络，团结校院班各级组织

本课程在心理中心老师的指导下，面向全校征集原创心理剧剧本和演员，充分发挥了心理中心的资源优势，以丰富生动的形式切实加强青少年心理健康教育，关注和聚焦大学生心理健康。

2. 活动关注心理健康，影响和意义深远

在心理中心专业老师的指导下，本课程通过舞台剧演绎了大学生生命教育、心理危机干预、人际交往障碍、学习压力调试等常见问题，以心理剧为载体引导大学生树立积极、健康向上的人生观、价值观和远大理想，培育自尊、自信、理性平和、积极向上的健康心态。

四、学生评价

平均评分：4.9分

部分学生评价：

林同学： 在一个个剧本中，我看到了当代大学生容易产生的心理情绪情感问题，同时也解答了许多自己心里的疑惑。正如心理中心老师对于剧中人物的评价一般，我们每个人都有独特的个性，在与他人相处的过程中，如何做到相互尊重、和谐共处是值得一辈子学习的。

杨同学： 舞台上表演的是演员，映射的心灵却是我自己，人际冲突与学业压力也曾使我沮丧焦虑，我从未意识到自己应该学会正确的方式去调节，更未想过在痛苦迷茫时寻求专业帮助。通过情景剧的演绎后，我明白了心理健康的重要性，也更明白正确应对心理问题的方式。

李同学： "谁的月亮谁的心"心理剧引人深思，幽默风趣的表演背后反映出严肃的心理健康问题。同学关系、家庭关系、学业压力都会成为抑郁、焦虑等心理问题的源头，我们这些非心理专业的同学，不求帮助别人解决问题，但求及时发现周围人的心理问题并劝其寻求专业指导，为心理健康贡献一点力所能及的力量。

五、案例简评

1. 展现专业风采

牢牢把握正确导向，将心理健康教育与话剧表演有机结合，立足实际，以小见大，有效普及心理知识。心理老师进行指导与点评，凸显专业风采。

2. 周密计划实施

此次心理剧大赛，从赛前准备，到赛后评分，力求每一项计划都精准实施，力保每一个环节都公平公正。在心理中心专业老师的带领下，结合新时代大学生的性格特点，为大学生提供了展现冒险性、好奇心、想象力和挑战性的舞台，通过音乐、戏剧等艺术表达形式，开展心理课堂。

3. 务求工作实效

课程建立科学有效的工作流程和管理机制，在剧本招募、演员招募、组织排练、活动展示、效果评估等方面形成工作闭环，真正做到对广大师生群体普及心理知识、呼吁对心理健康问题的关注。

六、社会工作与领导能力类项目

（一）项目建设内容与培养目标

1. 培养目标

以思想政治与道德修养、心理素质与身体素质项目建设为前提，通过课程、活动和实践总结树立服务的理念进而增强学生对"全心全意为人民服务"根本宗旨的认同，提升学生在处理与他人合作关系、事务管理与推进中的自我管理能力、自知能力、创造性的思考能力、承诺服务能力、责任感、号召力、前瞻性思维等。项目旨在培养学生管理大学班团组织、学生组织、社团，组织相应活动，或在实践团队、科研小组、兴趣团队负责组织协调工作，并具有在实践中继续学习，不断提升社会工作与领导力的能力。

2. 课程内容

开设加强学生服务同学意识和在实践中锻炼和提升社会工作与领导能力意识的课程，记载大学生担任院学生组织、班团和校、社团干部经历或参加服务校内师生的实践，获得的相关荣誉，以活动、竞赛、讲座为课程主要依托形式。

（1）讲座

有一定主题的讲座，一般主讲人应为一名或者多名有社会工作经验、管理经历，以提升学生有关社会工作和领导能力为主题。

如：青马工程培训班、学生干部技能提升培训等。

（2）活动

有特定参与人群，以学生组织干部、社团、班团集体为单位组织的团体辅导、社会实践、素质拓展、非日常性会议、以锻炼组织协调能力为主要内容的主题班团活动等。

如：简历特训营、企业宣讲周等。

（3）竞赛

通过总结，展示社会工作与领导能力，争取特定的集体或个人荣誉；竞聘产生的某学生组织学生干部或学生社团、班团主要学生干部，展示参与竞聘成员的竞聘过程。有社会工作任职经历的，可以竞赛形式获得学时。

如：十佳团支部书记、忠忧班集体答辩、学生干部经验分享征文等。

（二）项目建设质量标准与评价体系

1. 课程体系内容及建设标准

社会工作与领导能力类课程，根据学生学习认知维度，搭建三个层次的课程体系，充分激发学生学习的主观性、能动性、自觉性，凸显学生在大学学习、生活实践中增强社会工作与领导能力的实效性。

表 2-17　社会工作与领导能力类课程体系及内容

课程体系	课程内容
知之	优化课程设置，重点强调知识的普及、掌握和学生参与社会工作与领导能力锻炼的意识。通过课程讲授、讲座的方式，学生学习社会工作与管理相关理论知识、学习社会工作与领导技能、学习相关工具的使用
行之	学生在校期间通过担任班团干部、学生组织干部、社团干部等，或参与组织社会实践、志愿服务、校园文体活动、勤工助学等，或根据学校安排前往社会组织、企事业单位、机关团体挂职实习等，实际参与到社会工作中，在实践中培养社会工作与领导能力
践之	指导学生将理论学习和实践锻炼相结合，通过实践锻炼中的工作会、总结会，或在先进集体和个人的评选中总结收获、体会等，将项目体验内化为可迁移能力

表 2-18　社会工作与领导能力类课程建设标准

一级指标	二级指标	基本要求
1 总体要求	1-1 高水平	充分激发学生学习的主观性、能动性、自觉性，通过践行社会主义核心价值观凸显青春和担当，能够指导学生提升社会工作与领导能力，并使其在全过程中有较强获得感
	1-2 引领性	具备"高阶性、创新性、挑战度"，突出学生为中心，注重参与性和实践性，注重在实践中成就和获得

续表

一级指标	二级指标	基本要求
2 课程团队	2-1 负责人	师德好，政治面貌为中共党员，具有一定党政理论基础和管理经验，能在实践中指导学生
	2-2 团队	师德好，政治面貌为中共党员；教师团队的教师数量与参与学生比例不宜少于1：50，系列课程应注重与学生的沟通反馈，注重学生实践锻炼的指导
3 课程目标	3-1 价值	价值塑造，在思想政治与道德修养基础上能够带领学生在实践中为人民服务
	3-2 能力	能力培养，熟悉领导能力中所需要的工具和提高领导能力所涉及的沟通交往、组织协调能力
	3-3 态度	主动融入，激发学生学习主动性，使其积极融入社会工作与领导能力课程学习，主动参与社会工作，提升领导能力
	3-4 认知	知识建构，多层次课程设置注重思维训练与高阶知识、高阶能力的培养
	3-5 担当	责任担当，强调理论与实践相结合，提升学生服务意识
4 教学内容	4-1 思想性	落实立德树人，发挥价值塑造作用，发挥学生"主人翁"意识，能够建设性地结合理论和学生干部实践
	4-2 前沿性	有效支撑课程目标的实现，具有国际视野，体现专业领域发展的新理念、新成果、新应用
	4-3 挑战性	具有学科交叉属性、学术属性和创新属性，设有挑战性任务学习，培养批判思维和解决复杂实际问题能力
5 教学设计	5-1 创新性	以"学"为中心创新教学模式，实施合作式、研讨式、案例式、研究性学习，促进学生主动学习
	5-2 信息化	应用智慧教学工具，推进体验式教育与课程教学的深度融合，推动学生使用信息化工具开展现代领导素养提升
	5-3 综合性	设有综合性、创新性、协作式的课程内容，促进学生将第一课堂内容进行结合学习
	5-4 指导	建有课程网络学习资源，设立项目导师、朋辈导师，针对学生学习需要，开展第二课堂指导、讨论、路演等活动
6 课程考核	6-1 过程性	注重过程考核和评价，突出对学生能力素质的评价，过程考核占比不低于50%，形式不少于2种
7 学习效果	7-1 互动性	学生课堂学习参与度高，生生、师生互动性强
	7-2 达成度	课程目标达成度高，总评成绩及格率高于90%
	7-3 质量评价	学生对课程满意度高，教学质量评价处于所在版块活动评价前30%

2. 课程评价体系

课程评价体系的构建及评价指标的设计，是以教学过程和结果为评价对象的一种教育评价，其评价主体为教师与学生，评价内容是课程目标、教学内容、教学设计以及学习效果。

表 2-19　社会工作与领导能力类课程评价体系

评价目标	评价对象	评价方法	评价内容
教学过程和结果	教师 学生	心理量表测验法、问卷调查法、课程嵌入式评价法、学生在校期间的自我评价与毕业后用人单位的他人评价相结合的方法等	教学目标 教学内容 教学方法 教学效果

3. 课程评价内容及标准

（1）课程立项

课程立项应重点做好课程准备和重点工作的评估工作，包括课程负责人、主讲老师的能力摸底评判工作，负责人、主讲老师的能力素质决定了课程实施的最终效果。

（2）课程跟踪

在课程开展过程中，通过参加课堂、负责人汇报或项目资料审核的方式对项目重要节点进行考核，了解项目进展、团队的实践态度、组织管理等方面的情况。

（3）课程验收和评价

做好对项目材料的验收，主要包括项目策划、项目资源、项目总结材料等。进行项目实施效果的评价，通过第二课堂系统查看学生成绩与课程满意度、收获度反馈，评估项目影响力。

（三）"精品课程"建设质量标准与评价体系

社会工作与领导能力类"精品课程"，应当在一般课程的基础上进行进阶内容提升，高质量的建设标准，配备高要求的结果考察、高质量的素质培养以及高水平的成果反馈。以项目理念、项目方案、项目团队、项目执行、实施基础为基本建设内容，聚焦人才培养，助力成长成才，从"精知、精行、精践"着手，充实课程内容，逐步形成"系列化、可持续"的金牌课程，打造一定的知名度。以课程参与、课后实践、实践成果为可量化的考察项目，鼓励学生在参与的过程中多思考，在实践的过程中多感悟，在课程结束后多总结。

在具体的社会工作与领导能力项目建设中，应结合"第二课堂成绩单"制度价值应用，将"青马工程"中的领导能力提升课程纳入社会工作与领导能力的"精品课程"建设体系，结合思想政治与道德素养类、社会实践与志愿服务类课程精品课程要求，打造"青马工程"为第二课堂精品课程的标杆，呈现共青团政治塑造的高效能成果。

（四）【社会工作与领导能力案例分享】——信息学科校企 OPENDAY 系列活动

搭建校企合作桥梁，助力毕业生明晰就业目标
——西南交通大学校企 OPENDAY 系列活动

一、育人目标

近年来，西南交通大学信息学科就业面临专业多、人数多、行业就业竞争激烈等问题。为了帮助学生树立正确的择业观，"企业 OPENDAY"系列活动让学生通过企业实践了解就业市场和用人单位。同时，该活动通过充分搭建毕业生与用人单位之间桥梁的方式，缓解供求信息不对等、毕业生能力与市场需求不匹配等结构性矛盾，着力提升毕业生就业核心竞争力和就业满意度。自 2016 年西南交通大学开始携手企业设计并实施"企业 OPENDAY"系列活动，在学生就业理念、职业素养、专业能力、求职技能等方面协同培养，为学生顺利就业提供有力支持，为企业和社会输送合适人才，着力实现校、企、生三赢的目标。

二、基本信息

课程简介	为增进大学生对企业的了解，帮助学生更好地确立未来发展方向，了解企业的运作模式，促进学生的创新思想与实践能力，知名企业与我校联合举办交流沙龙活动。希望借此活动令学生感受激情投入、追求卓越的企业文化，收获学习生活与社会工作方面的知识，树立开拓创新的致学精神，给在校学生创造一个公开、舒适的交流平台并打造一个了解行业的窗口		
课程名称	"企业 OPENDAY"系列活动	课程类别	社会工作与领导能力
课程容量	1200 人	选课人数	1200 人
开课单位	信息科学与技术学院	负责教师	马琼/周凯
面向对象	以本学院学生为主，面向全校学生	授课方式	活动（线上/线下）

三、主要做法

1. 抓住新时代新机遇，明确使命与担当

"企业 OPENDAY"活动围绕电子信息、互联网、信号控制等行业领域，在学校和学院两级就业引导单位目录的基础上，优化并有选择性的引入企业并建立重点企业白名单。通过学生走访交流、优秀校友分享职场奋斗经历等形式，引导毕业生明确个人职业发展定位，进一步转变就业择业思想观念，抓住新时代新机遇，明确个人在新时代的使命和责任担当。

2. 持续开展，不断拓深拓宽校企合作

2019 年至 2020 年学院联合腾讯、华为、卡斯柯、新华三网络科技有限公司、戴尔（成都）有限公司、中国农业银行软件开发中心、中兴等多家企业，开展"企业 OPENDAY"十余场，覆盖学生千余人，让学生了解职业世界，更加明晰自身定位。

四、学生评价

平均评分：4.9 分

部分学生评价：

刘同学："企业 OPENDAY"作为一项面向毕业生群体的校企联合活动，吸引了大量学校学生的参与。在"企业 OPENDAY"活动中，企业负责人员会带领我们参观企业园区、工作环境，让我们切实感受工作氛围。同时，还会为大家讲解企业文化、企业未来的发展方向，帮助我们更快速、更深入地了解企业的背景及特点。通过参加"企业 OPENDAY"活动，毕业生也能更加便捷地获得企业的信息，帮助自己找到适合自身特性的企业。

隋同学："企业 OPENDAY"系列活动让我们近距离接触企业，了解以后的办公场所、办公模式以及工作氛围，参加不同"企业 OPENDAY"活动，让我们学习到了不同企业的文化，让我们可以选择更加适合自己的企业。

鞠同学：对于我来说，这项活动不仅能开阔视野与增长见识，更能让我感受到完全不同的企业文化氛围，让我对未来的发展有个更清晰的规划。

五、案例简评

1. 不断优化流程

前期精心做好行业企业筛选、交流内容把关工作，搭建起校企合作桥梁，后期收集反馈学生感受，不断优化调整活动流程，发挥信息学科优势，打造独具信息特色的"企业 OPENDAY"。

2. 工作扎实有效

2020 年受新冠肺炎疫情影响，学院发挥主观能动性、创造性，积极联系企业，开启云端"企业 OPENDAY"6 场。通过长期良好的校企合作，企业更加认可本校毕业生。

七、社会实践与志愿服务类项目

（一）项目建设内容与培养目标

1. 培养目标

根据《关于进一步加强和改进大学生社会实践的意见》《关于深入开展志愿服务活动的意见》和《关于深入推进学生志愿服务活动意见》等纲领性文件，开展社会实践类和志愿服务类活动的第二课堂项目，使学生接触社会、了解社会、关注社会、树立为他人和社会服务的责任感；增强学生创新精神和实践能力；提高学生社会洞察能力和分析解决问题的能力；培养学生适应环境、学会交往、承受挫折等综合能力；促进学生认知和行为的统一，提高高校思想政治教育工作的实效性。

2. 课程内容

开设以社会实践和志愿服务为主要形式的项目活动，主要记载大学生参加社会实践活动、志愿服务活动等经历。组织方式包括学校组织开展和学生自行开展两大类，主要包含以下九个方面：

（1）以科技、文化、卫生"三下乡"志愿服务为主要内容的寒暑期社会实践系列活动；

（2）以社会调查为主要内容的社会调研系列活动；

（3）利用双休日、节假日等课余时间开展的以关注社会、关心贫苦、奉献爱心、回馈社会为主要内容的"四进社区"志愿服务活动；

（4）以服务国家、省市重大赛事、活动、会议为主要内容的青年志愿者工作；

（5）以了解国情、了解社会、拓宽视野为目的的参观考察活动；

（6）以提高专业运用能力为目的的各类课外专业实习活动；

（7）以弘扬社会道德风尚为目的各类校园公益志愿服务活动；

（8）组织、参与以各类社会实践和志愿服务活动为目的的实践服务类社团；

（9）其他社会实践、志愿服务类活动。

3. 指导教师要求

指导教师可以为校内或校外导师，要求政治素质好、责任心强、业务水平高，指导教师应教给学生参加实践活动的基本技能，引导学生把学校学到的知识应用到实践中，帮助学生正确分析实践活动中发现的问题，启发学生在实践中探索、鉴别、研究和发展。在实践活动中教师应对学生进行思想政治教育、品德教育、纪律教育、心理教育和法制教育。

（二）项目建设质量标准与评价体系

1. 课程体系内容及建设标准

结合大学生社会实践和志愿服务的培养目标，可以将大学生社会实践和志愿服务类课程内容分为三个部分，即社会认知、实践调研、志愿服务，从而达到"认知社会—学习实践—回报社会"的培养目标。

表2-20 社会实践与志愿服务类课程体系及内容

课程体系	课程内容
社会认知	了解"社会是什么"，通过对实践基地的参观，达到开阔视野、了解国情、提升认识的目的
实践调研	解决"为什么会有这样的社会现象"，通过社会调查、专题调研，探究其发生的原因和相互联系，从而为解决理论性和政策性问题提供参考
志愿服务	解决"怎样做"，通过支农支教、"三下乡"志愿者服务等活动，鼓励学生结合个人才能和专业优势开展公益性活动回报社会

表 2-21　心理素质与身体素质类课程建设标准

一级指标	二级指标	基本要求
1 总体要求	1-1 高水平	结合学校组织开展和学生自行开展两种形式，以及学校"交通"特色，建设具有学科特色的大学生社会实践和志愿服务课程
	1-2 引领性	具备"高阶性、创新性、挑战度"，突出学生中心，注重参与性和趣味性，注重能力培养，体现教学创新
2 课程团队	2-1 负责人	师德好，具备较高专业水平和教学能力，教学理念先进，有指导校级课程经验
	2-2 团队	师德好，专业结构合理，教学水平高，具有指导校级实践课程背景
3 课程目标	3-1 价值	价值塑造，了解国情，培养爱国主义精神
	3-2 能力	能力培养，提高大学生参与社会生活的能力
	3-3 认知	知识构建，深刻认识社会主义核心价值观和中国特色社会主义理论体系
	3-4 实践	实践锻炼，培养适应社会发展需要的实践本领
4 教学内容	4-1 思想性	落实立德树人，发挥价值塑造作用，将课程育人有效落实在课程内容和课程考核中
	4-2 前沿性	有效支撑课程目标的实现，具有国际视野，体现专业领域发展的新理念、新成果、新应用
5 教学设计	5-1 创新性	以"学、行、践"为中心创新教学模式，创新课程模式，促进学生主动学习
	5-2 综合性	设有综合性、创新性、协作式的课程内容，促进学生将第一课堂内容进行结合学习
	5-3 指导	建有课程网络学习资源，设立项目导师、朋辈导师，针对学生学习需要，开展第二课堂指导活动
6 课程考核	6-1 过程性	注重过程考核和评价，突出对学生能力素质的评价，过程考核占比不低于 50%，形式不少于 2 种
7 学习效果	7-1 互动性	学生课堂学习参与度高，生生、师生互动性强
	7-2 达成度	课程目标达成度高，总评成绩及格率高于 90%
	7-3 质量评价	学生对课程满意度高，教学质量评价处于所在版块活动评价前 30%

2. 课程评价体系

课程评价体系的构建及评价指标的设计，是以教学过程和结果为评价对象的一种教育评价，其评价主体为教师与学生，评价内容是课程目标、教学内容、教学设计以及学习效果。

表 2-22　社会实践与志愿服务类课程评价体系

一级指标	二级指标	观测点及描述	分值
1 课程内容 20分	1-1 规范性	课程内容符合《普通高等学校本科专业类教学质量国家标准》等要求，课程定位准确，教学内容质量高；课程知识体系科学完整	5分
	1-2 思想性、科学性、先进性	坚持立德树人，将思想政治教育内容外化为课程内容，弘扬社会主义核心价值观，体现课程思政育人宗旨；课程内容先进、新颖，反映学科专业先进的核心理论和成果，体现教改教研成果，具有较高的科学性水平。紧密围绕思想政治教育、创新创业教育和专业实践，操作规范，理论与实践紧密结合，与思想政治素质训练、创新创业训练、专业实践训练、社会服务紧密结合	5分
	1-3 目标定位	以培养学生综合能力、增强社会责任感为目标，能够提高学生思想政治素养，指导和培养大学生创新创业、社会实践、认识社会、研究社会和服务社会的能力；目标与内容相一致，内容支持目标	5分
	1-4 前沿性和时代性	注重社会实践理论、方法和技术，有成体系理论和社会实践教学内容；社会实践学时占总学时的70%以上	5分
2 课程教学设计 30分	2-1 高阶性	课程教学设计包含知识、能力、素质有机融合，培养学生解决复杂问题的综合能力和高级思维；突出实践性和可操作性，将社会实践与专业教育相结合；弘扬社会主义核心价值观	10分
	2-3 创新性	课程内容有前沿性和时代性并持续更新，教学形式体现先进性、多样性，学习过程具有探究性和个性化，能够把学生的个性特点发挥出来	10分
	2-2 挑战度	课程具有一定的难度，能激发学生发挥潜能对所学知识进行融会贯通和拓展应用，培养创新性思维和批判性思维	10分
3 课程团队 20分	3-1 负责人	在本课程专业领域有一定学术造诣，教学和实践经验丰富，教学水平高，具有优良的师德师风。负责人应具有高级（副教授）及以上专业技术职称，有丰富的理论指导水平和各类大赛指导经验和能力，有指导学生参加互联网+大赛、双创竞赛及全国性学科竞赛的省级以上获奖经历	10分

续表

一级指标	二级指标	观测点及描述	分值
3 课程团队 20 分	3-2 团队	课程团队结构合理，人员稳定，团队成员可为行业有影响力的企事业单位、政府部门专家	10 分
4 教学支持 10 分	4-1 教材应用	教材要有思想性、科学性、时代性，要有来自社会实践或创新创业的优秀案例	5 分
	4-2 教学基地	至少一个固定的校外社会实践教学基地，课程的实践环节满足 70% 深入基地，实质性开展产教融合、校企合作、校地合作	5 分
5 应用效果 与影响 20 分	5-1 质量评价	注重学生参与度；强化过程评价、服务对象评价、实践成效评价	10 分
	5-2 持续改进情况	根据教学效果反馈，对教学方式、课程内容、考核和评价方式等进行持续改进	10 分

3. 课程评价内容及标准

（1）课程立项

课程立项应重点做好课程准备和重点工作的评估工作，包括课程负责人、指导老师的能力摸底评判工作，负责人、指导老师的能力素质决定了课程实施的最终效果。

（2）课程跟踪

在课程开展过程中，通过参加课堂、负责人汇报或项目资料审核的方式对项目重要节点进行考核，了解项目进展、团队的实践情况、组织管理等方面的情况。

（3）课程验收和评价

做好对课程材料的验收，主要包括项目策划、项目资源、项目总结材料等。进行项目实施效果的评价，通过第二课堂系统查看学生成绩与课程满意度、收获度反馈，评估项目影响力。

（三）"精品课程"建设质量标准与评价体系

社会实践和志愿服务类"精品课程"建设，应推动社会实践教育与专业教育、思想政治教育紧密结合，纳入人才培养方案，让更多大学生深入基层，了解国情民情，受教育、长才干、做贡献。以培养学生综合能力为目标，学校重点支持"青年红色筑梦之旅""互联网＋"大学生创新创业大赛等学科竞赛获奖项目和社会实践活动转化为具有理论指导和实践支撑的社会实践课程，推动思想政治教育、专业教育与社会服务紧密结合，培养学生认识社会、研究社会、理解社会、服务社会的意识和能力，建设社会实践一流课程。

课程建设应坚持以学生为中心，体现学生的学习主体地位。激发学生参与度，以学生受益为根本目标，从学习者的角度设计社会实践课程教学改革，推进形成性评价。同时体现课程思政要求，构建全员、全程、全方位育人格局，把"立德树人"作为教育根本任务的综合教育理念。

（四）【社会实践与志愿服务案例分享】——西南交通大学"交通·公益"志愿服务季系列活动

不忘初心传递爱，志愿服务新时代
——西南交通大学"交通·公益"志愿服务季系列活动

一、育人目标

以习近平新时代中国特色社会主义思想和党的十九大精神为指引，强化实践育人成效，教育引导学生在志愿服务活动中"受教育、长才干、做贡献"，进一步强化基层团组织志愿服务的工作职能，激发基层团组织活力，在全校学生中营造"我奉献、我快乐、我进步"的志愿服务氛围，引导广大青年学生在志愿服务活动中积极培育和践行社会主义核心价值观，把树立远大理想和脚踏实地统一起来，把个人理想融入党和人民的共同奋斗之中，担负起时代赋予的光荣使命，在中国特色社会主义道路上永不停步地开拓前进。

二、基本信息

课程简介	为深入贯彻落实推进共青团中央改革的方针，响应共青团中央在全团广泛开展团员志愿服务活动的号召，推进基层团组织工作创新，在全校学生中营造"我奉献、我快乐、我进步"的志愿服务氛围，西南交通大学团委围绕"TCE 同传爱·交通公益行"大主题在每年度开展由校青年志愿者联合会主办的"交通·公益"活动		
课程名称	"交通·公益"志愿服务季	课程类别	社会实践与志愿服务
课程容量	5000 人	选课人数	5000 人
开课单位	校团委	负责教师	郑源
面向对象	全校学生	授课方式	活动（线上/线下）

三、主要做法

1. 深入开展文明校园共建共治共享专项行动（或倡导文明新风，共建文明校园）

学校通过"共享单车、共享文明"共享单车规范摆放活动、"美好'食'光"校园系列活动、"爱劳美校"校园系列活动、"交通安全日"主题活动、"以美育人、以美化人、以美培元"校园文化建设等志愿服务活动，号召广大青年学子积极投身到文明交大、美丽交大、和谐交大、温暖交大的建设中来，为各校区营造健康的校园文化，提升校园形象，创建和谐文明校园贡献青春力量。

2. 共抗疫情，勇担使命

习近平总书记在全国抗击新冠肺炎疫情表彰大会上的重要讲话中充分肯定了新时代青年的担当："青年一代不怕苦、不畏难、不惧牺牲，用臂膀扛起如山的责任，展现出青春激昂的风采，展现出中华民族的希望！"疫情期间，1000余名交大青年学子主动响应社区号召，到所在社区、村庄报到，就近就地参与疫情防控工作，担任"宣传员""保障员""突击队""心理师"，为坚决遏制疫情扩散，夺取防控胜利贡献着青春力量。

3. "青春志愿·爱在社区"志愿服务行动形成常态

积极响应党的十九大报告关于"推进志愿服务制度化"的要求、四川省委"探索建立志愿服务常态化个性化机制化"的精神，扎实开展"青春志愿·爱在社区"大学生志愿服务社区行动。每年数千名交大青年学子利用课余时间，就近就便走进校园、社区，发挥知识技能特长，通过参与社区治理、扶弱济困、政策宣传、周末课堂、校园环境整治等活动，为数万社区百姓和师生传递温暖，助力文明校园共建共享共治和社区治理创新。

四、学生评价

平均评分：4.9分

部分学生评价：

周同学：志愿服务是奉献社会、服务他人的一种方式，是传递爱心的过程。对被服务对象而言，它是感受社会关怀，获得社会认同的一次机会。奉献真挚爱心，贡献青春力量，传递爱与温暖，作为当代大学生的我们，势必要肩负起更多的责任，用青春报效祖国，让青春在志愿服务中绽放绚丽之花！

胡同学：作为新时代建设的主力军，青年一代的理想信念、精神状态、综合素质，是一个国家发展活力的重要体现。我们要拿青年人宽厚的肩膀，去承担未来的使命；用青年人智慧的双手，去把握当下。交大学子们在西南交通大学"交通·公益"志愿服务季系列活动中所展现的热情、责任与担当，正是我们当代青年所需要的。

王同学："青年一代有理想、有担当，国家就有前途，民族就有希望"是习近平总书记不断向青年人强调的时代使命。作为一名志愿者，在社会服务的过程中，我体会到了劳动的快乐，奉献的快乐。正所谓"赠人玫瑰，手留余香"，也许为他人做的只是一件小事，但为构建和谐校园、和谐社会做出的一份贡献，却是一件大事。

五、案例简评

1. 加强组织领导

校团委高度重视，发挥指导作用，积极搭建平台、整合资源、统筹部署，加强与各有关方面的联系沟通，认真做好各项组织协调工作。

2. 开展多样活动

始终秉持"奉献、友爱、互助、进步"的志愿者精神，聚焦于做好新时期青年志愿服务工作，贯彻习近平新时代中国特色社会主义思想。激发广大青年学子的创造力，发挥各学院志愿服务组织的自身优势，各负其责，各展所长，组织开展多种形式的适于广大青年学子参加的志愿服务活动。

3. 注重志愿实效

坚持意义导向，将志愿活动的实效性摆在首位。坚决杜绝形式主义，严把审核关，建立科学严密高效的活动审核机制。加强志愿者素质与技能培训，增强社区志愿者队伍的凝聚力和志愿者的使命感，推动志愿服务活动朝持续性方向发展。

附录 2-1：西南交通大学第二课堂项目管理办法（试 行）

第一章 总则

第一条 为贯彻落实《西南交通大学"第二课堂成绩单"制度实施办法》（西交校〔2020〕24 号）要求，进一步加强对第二课堂工作的指导，提高我校第二课堂项目质量，切实保证第二课堂对大学生全面发展的促进作用，特制定本办法。

第二条 为实现第二课堂项目管理的便捷化、人性化、智能化，要求全部项目于第二课堂信息管理系统进行全程记录。项目管理过程如图 2-1 所示：

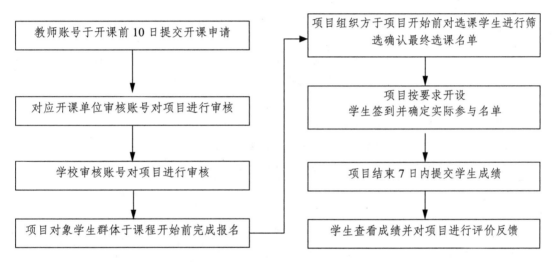

图 2-1 第二课堂信息系统管理流程

第三条 为提高第二课堂科学性、准确性，同时正确引导学生选择适应自身需求的项目，开课方应突出项目特点，找准项目定位，正确申报项目类别，七大类项目参考见表 2-23 所示。

表 2-23 第二课堂七大类项目划分

模块	项目范围	课程案例
思想政治与道德素养类	开设加强理想信念教育、培育和践行社会主义核心价值观以及思想道德建设等内容的项目，主要记载大学生参加党校、团校培训和思想引领、价值塑造类活动等经历以及获得的相关荣誉	1. 九二八孔子诞辰系列活动 2. 追随者·圆梦人 ——思政工作坊 3. 升旗仪式暨国旗下的团课

模块	项目范围	课程案例
学术科技与创新创业类	开设提升专业学术能力、创新精神和创造能力、加强科学研究教育和创新创业教育等内容的项目，主要记载大学生参加学术、科技竞赛和创新创业类活动等经历以及获得的相关荣誉	1. 全国周培源大学生力学竞赛 2. 机器人创意设计大赛 3. "教授面对面"系列活动
艺术体验与审美修养类	开设加强通识教育、艺术素养教育和精品文学鉴赏等内容的项目，主要记载大学生参与文学艺术和人文情怀类活动等经历以及获得的相关荣誉	1. 街舞协会专场晚会 2. "爱音乐"校园歌手挑战大赛 3. 全国建筑高校作品联展
文化沟通与交往能力类	开设培养语言表达能力、人际交往能力、团队合作能力和跨文化交流、提升全球视野等内容的项目，主要记载大学生参与团队训练、演讲辩论和跨文化交流活动等经历以及获得的相关荣誉	1. "金话筒"新生主持人大赛 2. "交大之星"——英语演讲比赛 3. 有思沙龙 Change It 正能量演讲
心理素质与身体素质类	开设加强心理健康教育、情感情绪管理和身体素质训练、塑造健全人格等内容的项目，主要记载大学生参与心理、身体素质类活动等经历以及获得的相关荣誉	1. 交大历险记 2. 健康减肥大赛 3. 谁的月亮谁的心——"演绎心声，调节情感"
社会工作与领导能力类	开设各级各类骨干培训、自我管理与提升教育和领导力培养等内容的项目，主要记载大学生在校内各级党组织、团组织和学生组织的工作任职履历、在校外的社会工作履历和各级各类大学生骨干培训等经历以及获得的相关荣誉	1. "一起成长"——班团管理建设论坛 2. 企业宣讲周及"企业OPENDAY"系列活动 3. 青马工程培训班
社会实践与志愿服务类	开设提升大学生实践能力、社会担当和感恩奉献意识培养等内容的项目，主要记载大学生参与"三下乡"社会实践、志愿服务和课外的实习实训类活动等经历以及获得的相关荣誉	1. 社区义诊活动 2. 艾滋病防控志愿活动 3. 三下乡活动

第四条 本办法适用于我校第二课堂的开课方，包括各机关单位、学院、学生组织等。按要求开设的第二课堂项目，才能通过校级审核，项目参与者才能获得对应的学时。

第二章 精品项目

第五条 本办法中的精品项目指主要面向全校大学生开设，重在提升学生基本综合素质，每学期/学年定期举办，并已经初步形成品牌效应的项目。精品项目提交申请时对应项目类别为"精品"。

第六条　为切实保证活动质量，精品项目将被纳入项目评估体系，采用滚动评选制。评估内容主要包括两方面：一是信息管理流程考核；二是项目质量考核，分为线上学生评价及线下活动现场考核。要求各精品项目除按要求于第二课堂信息管理系统对项目进行全程记录外，举办前至少提前 10 天按要求填写并提交纸质《西南交通大学第二课堂项目申报书》及纸质《西南交通大学第二课堂项目预算审批表》至综合楼 256 校团委青年发展部值班同学处（每天 18:00 ~ 19:00）；项目举办前至少提前 5 天申请项目现场考核；项目过程中配合大学生第二课堂运营中心成员的现场考核；项目结束后 7 天内提交纸质《西南交通大学第二课堂项目总结表》以及相关报账材料至校团委青年发展部，并提交电子档材料至邮箱 swjtudektxmb@126.com，包括：成绩提交证明截图、新闻发布截图、新闻稿、高清现场图片 5 张以及《西南交通大学第二课堂项目申报书》电子档。材料压缩包请以"项目编号-项目名称-电子材料"的格式命名，并将活动高清图片新建一个子集文件夹"现场图片"，大学生第二课堂运营中心成员将对电子材料的整理情况进行考核。

第三章　校级项目、院级项目

第七条　本办法中的校级项目指主要面向全校学生，结合我校特点开展特色项目，重在提升学生综合素质的项目。鼓励校级项目系列化、品牌化、持续化、精品化发展。校级项目提交申请时对应项目类别为"校级"。

第八条　本办法中的院级项目指主要面向本院学生，结合学院专业特点开展特色项目，重在提升学生专业实践能力或提高专业学生的综合能力的项目。鼓励院级项目系列化、品牌化、持续化、精品化发展。院级项目提交申请时对应项目类别为"院级"。

第九条　校级项目及院级项目按开课单位对其信息管理流程进行抽查考核，即开课方是否严格依照本办法第二条进行项目管理。考核结果将作为各单位下学期项目申报的参考依据，对于考核不达标的单位，将限制其开课数量及学时供给。

第四章　一般项目

第十条　一般项目主要面向团支部、学生组织等内部成员开设，重在提升团学组织凝聚力，体现学生组织特色。如各类团干培训、团支部实践活动等。一般项目提交申请时对应项目类别为一般，项目开设参考表 2-24 所示。

表 2-24　第二课堂一般项目开设参考

项目类型	举例
学院班委（团支书、班长、学委）培训或总结交流类项目	1. ××学院××级团支书培训会 2. ××学院××级权益工作答辩会

续表

项目类型	举例
团支部自发组织的主题团日活动 （学院要求团日活动由学院统一开课）	1. ××学院××团支部主题团日活动 2. ××学院××级观看"五四"升旗活动
学生组织内部年终全员大会	1. ××组织××年年终全员大会 （要求有活动主题、活动内容丰富不仅限于讲话）

第五章　学时要求

第十一条　学时设置原则为 1 学时对应 1 个小时的项目，讲座的听众及活动和竞赛的观众按每 2 个小时折算为 1 学时计算，具体要求见表 2-25 所示。

表 2-25　第二课堂学时设置建议

项目等级	学时设置	说明
精品项目	1～8 学时	
校级项目	1～8 学时	特殊情况需进行说明
院级项目	1～4 学时	
一般项目	1～2 学时	

第十二条　为保证第二课堂项目质量，规范第二课堂学时供给，要求项目组织方正确评估项目容量，实际参与人数不得低于开课容量的 20%，否则将影响项目考评及单位考评成绩。现依据项目级别对开课容量给出以下建议：

表 2-26　第二课堂项目容量设置建议

项目等级	项目容量	说明
精品项目	100～600	
校级项目	100～600	本容量包括项目涉及的全部用户角色,用户角色在第十四条进行详细说明
院级项目	20～200	
一般项目	5～50	

第十三条　为切实保证学时的科学化、精确化设置，现对选课用户进行细分：

表 2-27　第二课堂学时及项目容量设置建议

用户	角色说明	举例	备注
参与人员	成功报名该项目,全程参与并在项目学习中能达到项目培养目标的学生	晚会类项目的演员比赛类项目的选手	项目容量、学时依照项目等级限制要求

续表

用户	角色说明	举例	备注
工作人员	参与项目筹备与实施,并全程参与活动的学生	各类活动主办方工作人员	学时≤2学时;成绩单上学时类别呈现与项目类别相同
观众	即活动和竞赛中不符合以上要求的学生;讲座中的参与度低的学生	颁奖典礼现场观众讲座类项目的听众	项目容量≤600人;学时按要求折算,≤2学时

第十四条 为规范化我校第二课堂工作,现对项目开设方式作如下区分及要求:

1. 项目开设一次或多次的讲座类或活动类项目,多次项目的内容及参与者并无关联性的项目。对于此类项目,要求每次项目单独开设,单次项目学时设置为1~3学时,具体开设方式如表2-28所示:

表2-28　第二课堂独立/系列项目开设方式

项目名称	选课时间	课程开始时间	用户	学时
【青年讲师团线上宣讲】疫情大流行状态下的国际防疫和中国之治	2020-06-06 19:00 至 2020-06-10 12:00	2020-06-10 15:00	工作人员	2
			观众	1
【青年讲师团线上宣讲】以战疫中的中国精神来弘扬社会主义核心价值观	2020-06-10 19:00 至 2020-06-16 12:00	2020-6-16 15:00	工作人员	2
			观众	1

2. 项目开设多次且每次项目的内容及参赛者有较强关联性的竞赛类或活动类项目,要求开设项目时不区分初赛、复赛及决赛等,只开设一个项目,学时设置建议为1~4学时,不同类型的参赛者获得学时可以用户类别区分,如表2-29所示:

表2-29　第二课堂系列活动开设方式

项目名称	选课时间	课程开始时间	用户	学时
最美志愿者评选暨颁奖典礼	2019-11-08 19:00 至 2019-12-07 19:00	2019-11-18 19:00	工作人员	2
		2019-11-25 14:00	参与人员	2
		2019-12-08 19:30	观众	1

第六章　成绩认定

第十五条　为了更好地评价学生参加第二课堂情况，同时考虑到第二课堂项目形式的多样性，现按照不同项目类别给予不同的考核评价模型，具体如表 2-30 所示：

表 2-30　第二课堂考核评价模型

用户类别		成绩给定	备注
参与人员	讲座	通过、不通过	
	活动	优秀、良好、中等、及格、不及格	
	竞赛	特等奖、一等奖、二等奖、三等奖、单项奖、优秀奖、参与奖	参考建议：特/一/二/三等奖为决赛选手成绩；单项奖为复赛选手成绩；优秀奖为初赛选手成绩
工作人员		优秀、良好、中等、及格、不及格	
观众		通过、不通过	

第七章　附则

第十六条　为了切实保证第二课堂项目质量，对于与第二课堂七大模块开课要求不符（包括思想引导、项目内容、项目受众、项目意义与价值）的项目，不列入第二课堂项目，校团委在项目审核时将不予通过，各单位开课时可参照如下项目负面清单：

表 2-31　第二课堂项目负面清单

不予审核原因	举例说明
竞赛/活动类项目的现场观众选课通道	1. "一站到底"知识竞答（观众选课通道） 2. 篮球赛现场观众
项目容量达到上限的二次选课通道	【扩容】第二次荧光夜跑
项目开设后的参与者补选通道	【补录】第二次荧光夜跑
常规工作	班委例会
活动指向不明的项目	单放学院名或项目名称不完整
学生组织招新大会、内部会员大会、例会、培训会及素质拓展等	1. 本科××组织2017第一次会员大会 2. ××青协中期素质拓展 3. ××青协组织部培训会 4. 青年志愿者协会招新宣讲会
各单位、组织内值班（志愿者值班除外）	邮局值班

续表

不予审核原因	举例说明
活动开展中的某一环节	1. "千寻"自习室表发放 2. 义教志愿者招募
直接或间接重复申请	1. ××学院 2018 年度求职技能培训（二） [与××学院 2018 年度求职技能培训（一）时间相同] 2. 三下乡终期答辩（前期若已经开设有相关三下乡活动的项目，后期不可再立关于该活动的答辩项目）
竞赛/活动类递进系列活动重复申请	1. ××学院运输杯篮球赛小组赛 （与××学院运输杯篮球赛淘汰赛重复设立） 2. 言值个人辩论赛初赛（与言值个人赛辩论赛复赛、决赛重复设立）
过于频繁的同一类别项目开设	1. 书籍上架第 8 周（后续设立 9、10、11、12、13 共计 6 次项目，不建议频繁开设项目，可合并为 1 个项目） 2. 文献整理第 11 周（与书籍上架第 11 周时间一致且内容接近，可合并）

第十七条 本办法自发布之日起实施，最终解释权归校团委。

附录 2-2：西南交通大学大学生综合素质提升（共青团第二课堂）课程大纲

一、课程基本信息

课程名称	大学生综合素质提升（共青团第二课堂）	课程代码	
课程性质	□必修　　□限选　　□选修	课程类型	□通识课□新生研讨课□公共基础课　□专业基础课　□专业课　□实验课　□必修环节
开课单位	校团委	开课校区	□犀浦　　□九里　　□峨眉
开课年级	1~4 年级	开课学期	1~8 学期
适用专业	全校所有专业		
学分	0		
64 学时	第二课堂为 48 个学时；第三课堂为 16 个学时		
先修课程			
教材、参考书与学习资源	无		

二、课程教学目标

《大学生综合素质提升》课程是校团委围绕学校"立德育人"核心任务，在引导学生坚持学业为主的同时，针对学习就业创业、创新创造实践、身体心理情感、志愿公益和社会参与等普遍需求设计的第二课堂项目。包括思想政治与道德素养类、学术科技与创新创业类、艺术体验与审美修养类、文化沟通与交往能力类、心理素质与身体素质类、社会工作与领导能力类、社会实践与志愿服务类等七个类别，有针对性的提升大学生综合素质，具体对应教学目标如下：

（1）思想政治与道德素养类项目旨在提高思想政治教育的针对性、实效性和吸引力、感染力，提升青年学生思想政治水平与道德品格素养；

（2）学术科技与创新创业类项目旨在帮助青年学生拓展科技创新的专业知识，调动学术科研的积极性，培养创新性研究的能力，提升青年学生创新创业与实践能力；

（3）艺术体验与审美修养类项目旨在鼓励学生"多思考，多读书，多写作，多研究"，加强文学文化熏陶，提升青年学生文学艺术与人文素养；

（4）文化沟通与交往能力类项目旨在帮助学生提高语言表达能力、沟通交往能力，弘扬开拓精神、团队精神，开拓文化视野和国际视野，促进跨文化交流，提升青年学生文化沟通与交往能力；

（5）心理素质与身体素质类项目旨在培养学生良好的性格品质、认知潜能和心理适应能力，增强学生体质，引导青年学生身心健康成长，提升青年学生心理素质与身体素质；

（6）社会工作与领导能力类项目旨在增强学生的领导能力、协调能力、管理能力，引导学生在生活中发现问题、分析问题，提升青年学生适应环境、接受新挑战和自主解决问题的综合能力；

（7）社会实践与志愿服务类项目旨在引导青年学生主动将理论联系实际，发扬"奉献友爱、互助进步"的志愿者精神，增强责任意识和担当意识，提升青年学生社会实践能力和志愿服务水平。

三、课程内容

（1）思想政治与道德素养类项目，包括理想信念教育、培育和践行社会主义核心价值观以及思想道德建设等内容；

（2）学术科技与创新创业类项目，包括提升专业学术能力、创新精神和批判思维、加强科学研究教育和创新创业教育等内容；

（3）艺术体验与审美修养类项目，包括通识教育、艺术素养教育和精品文学鉴赏等内容；

（4）文化沟通与交往能力类项目，包括培养语言表达能力、团队合作能力和跨文化交流、提升全球视野等内容；

（5）心理素质与身体素质类项目，包括加强心理健康教育、情感情绪管理和身体素质训练、塑造健全人格等内容；

（6）社会工作与领导能力类项目，包括各级各类骨干培训、自我管理与提升教育和领导力培养、提升职业操守和专业才能等内容；

（7）社会实践与志愿服务类项目，包括提升大学生实践能力、社会担当和感恩奉献意识培养等内容。

四、考核方式

可采用考勤、作业和其他内容相结合的考核方式。

附录2-3：西南交通大学第二课堂考核指标（二级团组织）

一级指标点	二级指标点	评分方式	备注
1 参与第二课堂"项目库"建设（4分）	1-1 参与第二课堂课程建设与开展	数据统计	
	1-2 提供与学院人数相匹配的第二课堂课程	数据统计	
2 及时在网络平台申请课程（2分）	2-1 完善开课流程，更换课程信息提前报备	数据统计	
	2-2 严格按照开课规范完成开课信息申请	数据统计	
3 确保活动质量和育人时效按要求提交成绩及总结材料（2分）	3-1 举办、参与第二课堂工作研讨会	内容呈现	
	3-2 及时在网络平台申请课程，选课比例达到30%及以上	数据统计	
	3-3 确保活动质量和育人时效，按要求提交成绩	数据统计	
4 多渠道做好第二课堂宣讲（2分）	4-1 新生第二课堂宣讲会	数据统计	
	4-2 第二课堂相关政策线上宣传	数据统计	
5 新生系统选课人数达100%（2分）	5-1 新生系统选课率	数据统计	
6 学生按要求完成学时人数达100%（4分）	6-1 学生按要求完成学时人数达100%	数据统计	

附录 2-4：第二课堂课程信息修改申请表

课程原始信息			
课程名称		开课单位	
选课编号		负责教师	
负责人（学生）		联系方式	
请填写需要修改的信息			
课程名称			
课程容量		上课地点	
负责教师		课程类别	
课程学时		最大学时	
学时说明			
课程开始时间（精确至分）		课程结束时间（精确至分）	
开始选课时间（精确至分）		结束选课时间（精确至分）	
退课期限（精确至分）			
备注	未填写部分代表不需要修改		
申请人：			
		年　　月　　日	

请需要调整课程的负责教师填写此表，纸质版交至大学生素质拓展中心（综合楼 256）并请将电子版发送至邮箱：swjtudektxmb@126.com。若需删除学生选课，请同时附上包含学生姓名、学号的名单。

附录 2-5：西南交通大学第二课堂项目申报书

西南交通大学第二课堂

项目申报书

_____学院/部（处）

共青团西南交通大学委员会

基本信息	
活动名称	
活动承办方	
活动简介	（不少于200字）（这是一个什么样的活动？）
活动意义	（不少于200字）（为什么要举办这场活动？）
合作单位（无可不填）	
针对人群	
参与人数	
活动时间	
活动地点	

活动策划		
前期准备	（不少于200字）	
活动内容	（不少于300字）（活动的组成部分及活动流程）	
工作进度	（应包含具体的时间节点、工作内容、负责人，并标注完成情况。）	
预期 活动成果	（不少于200字）（通过举办这个活动，想要达到什么效果？）	

指导老师 意见	负责人签字： 　（联系方式） 年　月　日
指导单位 意见	负责人签字： 　　（盖章） 年　月　日
备注	

附录2-6：西南交通大学第二课堂项目申请及预算审批表

西南交通大学第二课堂项目申请及预算审批表

活动编号：（不填）　　　　　　　　　　　　　　　　　年　　月　　日

活动名称		活动地点		
活动时间	至	主办或承办单位	×××组织（学院）	
参与部门	（填写组织的部门）×××组织（学院）××部门			
经费项目及名称	团委学生活动及社团工作专项经费			
活动负责人及联系方式	签字：（手写）　电话：		指导老师及联系方式	签字：（手写）　电话：
活动主题				
活动目的				
活动安排				
场地需求				
财务预算	材料打印费	宣传用品费	交通费用	奖品类费用	其他费用	总　计
经费审批人意见（不填）	意见：　　　　　　　　签字：　　　　　　　　单位盖章：				

注：本申请表由经费归口管理部门留存备查。

附录 2-7：西南交通大学第二课堂项目过程评估表

西南交通大学第二课堂项目过程评估表			
项目名称			
项目编号			
项目现场考核人		项目负责人签字	
项目考核时间		项目考核地点	
现场考核总得分		项目考核总分	

第一部分　项目前期考核（25分）		
项目		**得　分**
1. 开课时间（10分）		
A. 项目开始前七天及以上 10分		B. 项目开始前七天内 0分
2. 材料提交时间（10分）		
A. 在项目开始前十天提交 10分	B. 在项目开始前十天内 5分	C. 没有提交材料 0分
3. 课程容量设置合理与否（／）（5分）		
A. 选课比例达 80%及以上 10分	B. 选课比例在 80%到60% 5分	C. 选课比例低于 60%以下 0分
4. 项目是否按期举行（扣分项）		
A. 项目时间更改且没有通知 -10分	B. 项目时间更改但及时通知 -5分	C. 项目按期举行 不扣分

第二部分　项目现场考核（45分）		
项目		**得　分**
1. 现场第二课堂签到秩序（10分）		
A. 签到秩序好且等待时间短 10分	B. 签到秩序好但等待时间长 5分	C. 签到秩序混乱 0分
2. 人员接待工作（10分）		
A. 有工作人员引导且 有引导标识 10分	B. 有引导标识或 有工作人员引导 5分	C. 没有任何引导 0分

3. 项目是否按时开始（5分）			
A. 项目未推迟 5分	B. 推迟时间在十分钟以内 3分	C. 推迟时间在十分钟以上 0分	
4. 现场秩序（5分）			
A. 现场秩序很好 5分	B. 现场秩序较好 3分	C. 现场秩序混乱 0分	
5. 现场气氛（5分）			
A. 现场气氛热烈 观众积极参与 5分	B. 现场气氛较热烈 部分观众积极参与 3分	C. 现场气氛不热烈 观众反应平淡 0分	
6. 突发事件处理（5分）			
A. 没有突发事件 5分	B. 有突发事件但是 及时进行处理 3分	C. 有突发事件且 没有及时处理 0分	
7. 项目现场人员参与情况（/）（5分）			
A. 人员参与率达80%及以上 5分	B. 人员参与率在80%到60% 3分	C. 人员参与率在60%以下 0分	
8. 中途退场占比（扣分项）			
A. 中途退场人数过多 -3分		B. 中途几乎没有人退场 不扣分	

第三部分　项目后期考核（30分）

项　目		得　分
1. 项目新闻稿提交时间（10分）		
A. 项目结束后三天以内提交 10分	B. 项目结束后三天以上提交 0分	
2. 项目成绩提交时间（10分）		
A. 项目结束后七天内提交成绩 10分	B. 项目结束后七天以上提交成绩 0分	
3. 项目总结材料.报账材料提交时间（10分）		
A. 项目结束七天内提交所有材料 10分	B. 项目结束七天以上提交所有材料 0分	

第四部分　加分项（10分）

项　目	得　分
1. 新闻稿发送到校级或校外媒体平台（一个平台加2分，最多加6分）	
2. 有校级或校级以上领导出席（一位领导加2分，最多加4分）	
备注	

3

第三章

学生成长

一、西南交通大学学生成长目标

习近平总书记在全国高校思想政治工作会议上讲话中指出，要重视和加强第二课堂建设，重视实践育人，坚持教育同生产劳动实践相结合，广泛开展各类社会实践，让学生亲身参与中认识国情、了解国情、了解社会，受教育、长才干。西南交通大学深化本科教育教学改革，提高人才培养质量，确立"以学生成长和发展为中心"的教育理念，弘扬"竢实扬华、自强不息"的交大精神，秉承"精勤求学、敦笃励志、果毅力行、忠恕任事"的交大校训，发扬"严谨治学、严格要求"的优良传统，以培养德智体美劳全面发展的社会主义建设者和接班人为根本目标，形成新时代本科人才培养顶层设计；开齐开足体育课，打造学生身心健康服务平台，帮助学生在体育锻炼中享受乐趣、增强体质、健全人格、锤炼意志；以美育人、以文化人，构建通识教育、博雅教育、素质教育体系，全面提高学生审美和人文素养；弘扬劳动精神，教育引导学生在创新实践过程中勤于思考、勇于创造、吃苦耐劳、崇尚劳动、尊重劳动。

二、学生参与第二课堂获取学时构成

第二课堂必修环节为 64 个学时，原则上每 1 个小时计 1 个学时。前六个模块必修环节为 48 个学时，其中，思想政治与道德素养类、心理素质与身体素质类项目，至少各完成 8 个学时；学术科技与创新创业类、艺术体验与审美修养类、文化沟通与交往能力类、社会工作与领导能力类项目，至少完成 2 个学时；第七个模块社会实践与志愿服务类项目，至少完成 16 个学时，如表 3-1 所示。

表 3-1　第二课堂各模块学时要求

课堂类别	第二课堂						
模块	思想政治与道德素养类	学术科技与创新创业类	艺术体验与审美修养类	文化沟通与交往能力类	心理素质与身体素质类	社会工作与领导能力类	社会实践与志愿服务类
学时要求	≥8 学时	≥2 学时	≥2 学时	≥2 学时	≥8 学时	≥2 学时	≥16 学时
合计要求	≥48 学时						≥16 学时
总计要求	≥64 学时						

三、学生参与第二课堂项目流程

学生通过学校统一账号登录第二课堂信息管理系统选课，并按要求完成项目参与和项目评价者，可获得相应学时，中途退出或未按要求完成项目参与及评价者，不能获得学时。具体项目学时认定由项目组织方在项目实施完成后确认，学生若对成绩有异议应及时与项目主办方取得联系确认成绩。第二课堂项目概不设立补考以及重修。

四、学生参与第二课堂项目学时给定

学生进行第二课堂课程选课后，需按要求参加所选课程，若确实存在特殊情况无法出勤，可于退课期限内登录第二课堂信息管理系统进行退课，开课前 3 小时内无法退课。无故缺勤课程两次，取消本学期选课资格。学生参与第二课堂课程时，如存在代替签到行为，经相关课程负责老师、同学发现或检举属实，代替签到者与被代替签到者该课程分数记为 0 分。屡教不改或情节恶劣者，取消一学期选课资格。

五、第二课堂成绩单评价与应用

基于第二课堂的育人实效，西南交通大学坚持系统性与独立性相结合、导向性与个性化相结合、客观性与实操性相结合的原则，构建出尊重差异化为基础、多种记录方式并重的评价体系，同时辅以信息化手段，打造可视化第二课堂成绩单，如图 3-1 所示。客观式、分析式、综合式评价共同作用下形成的第二课堂成绩单，有利于学生更好地认识自我，实现全面发展与个性发展的结合；有助于学校更加客观地完成对学生的综合评价；同时充分尊重学生的主观能动性，使学生能够自主规划未来。

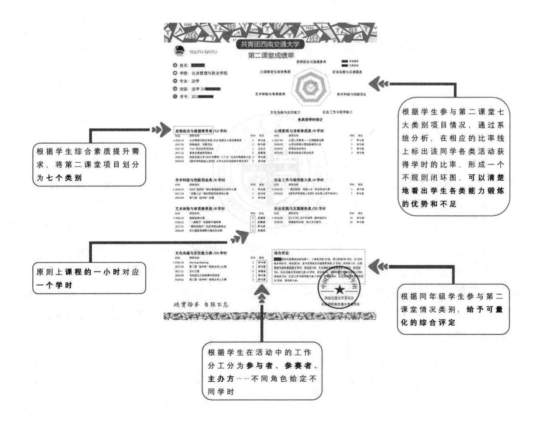

图 3-1　西南交通大学第二课程成绩单示例

（一）客观式记录评价

建立对学生参与第二课堂过程和成果进行真实客观记录的机制，以及对学生参与第二课的实际表现和能力素养提升进行科学认证的机制。依托数据信息系统开展项目的发布、管理、评估实现学生参与项目的记录、评价、认证，从而更便捷更高效的实现"第二课堂成绩单"的动态评价。

（二）分析式记录评价

根据学生不同课程类别的参与对比，在相应的比率线上标出该同学各类活动获得学时的比率，形成一个不规则闭环图，可以清晰地看出学生各类能力锻炼的优势和不足。除客观记录外，还将学生第二课堂实际参与的七大育人模块课程，即思想政治与道德素养类、学术科技与创新创业类、艺术体验与审美修养类、文化沟通与交往能力类、心理素质与身体素质类、社会工作与领导能力类、社会实践与志愿服务类进行横向对比，以雷达图的形式分析记录学生自主选择的第二课堂主要培养方向，见证学生大学期间的兴趣所在以及能力所长，为学生自我认知以及用人单位人才选聘提供一定的借鉴。

（三）综合式记录评价

主要表现为与同年级学生参与第二课堂情况的参与对比，以可量化的方式进行综合评定。将学生大学期间的第二课堂参与情况进行汇总并完成纵向对比，给出全年级内的总排名以及各课程类别的排名，以比例量化的方式进行展示，方便学生进行自我定位，也为用人单位的需求考量提供一定依据。

（四）信息化成果体现

通过网络信息平台自动生成由校团委认证的第二课堂成绩单，学生可以根据需要自助打印。毕业生实行线上下载+自助打印，电子版与纸质版共同投入使用，学生可按需求自主选择。学生毕业时将获得经学校认证的"西南交通大学第二课堂成绩单"，与教务处第一课堂成绩单共同记录学生大学阶段成长经历。2018 年 5 月份开始，毕业生可以通过自助打印，生成学校认证的学生第二课堂成绩单。2019 年，第二课堂成绩单又新增学时分布雷达图和综合式记录评价版块，可视自我能力培养偏重，为学生自我发展定位和未来规划选择做出一定程度的参考，为用人单位选聘人才提供依据。2020 年，微信小程序"毕业 e 册"上线，提供"第二课堂成绩单"下载页面，学生可以直接保存电子版，为学生获取成绩单提供便利。

附录 3-1：西南交通大学第二课堂学生管理办法（试行）

第一章　总则

第一条　为建立科学、规范的第二课堂工作管理流程，根据《西南交通大学"第二课堂成绩单"制度实施办法》（西交校〔2020〕24 号）要求，制定本办法。

第二条　本办法适用于我校 2017 级及以后所有全日制普通本科生第二课堂成绩评定与管理的各环节。

第二章　第二课堂范围

第三条　第二课堂指校内课外的文化、科技、艺术、体育、国内校外的各类社会实践、志愿服务和课外实习实训等各类活动。

第四条　第二课堂项目按照类别设置七大模块，包括思想政治与道德素养类、学术科技与创新创业类、艺术体验与审美修养类、文化沟通与交往能力类、心理素质与身体素质类、社会工作与领导能力类、社会实践与志愿服务类。

第三章　第二课堂学时要求

第五条　第二课堂必修环节为 64 个学时，原则上每 1 个小时计 1 个学时。其中，思想政治与道德素养类、心理素质与身体素质类模块至少各完成 8 个学时，社会实践与志愿服务类模块至少完成 16 个学时，其余模块至少完成 2 个学时。

表 3-2　第二课堂各模块学时要求

课堂类别	第二课堂						
模块	思想政治与道德素养类	学术科技与创新创业类	艺术体验与审美修养类	文化沟通与交往能力类	心理素质与身体素质类	社会工作与领导能力类	社会实践与志愿服务类
学时要求	≥8 学时	≥2 学时	≥2 学时	≥2 学时	≥8 学时	≥2 学时	≥16 学时
	≥48 学时						≥16 学时
总计要求	≥64 学时						

第六条　为保证学生合理安排时间，保质保量完成第二课堂，学生每学期完成学时上限为 16 个学时，下限为 4 个学时，其中社会实践与志愿服务模块学时不设上限。第七

学期仍未完成第二课堂毕业要求的学生，可进行超学时选课申请。

第七条 校团委在每个春季学期的期末，对学生发出学时预警。在入学后的第二学期末，将对所修学时共计低于 16 个学时者，发出学时预警；在入学后的第四学期末，将对所修学时共计低于 32 个学时者，发出学时预警；在入学后的第六学期末，将对未完成毕业要求者，发出学时预警。学时预警名单发至学院团委，由辅导员提醒督促。

第八条 需要申请超学时选课的学生须填写《西南交通大学第二课堂超学时选课申请表》（下称《申请表》）并按程序认定盖章，学院团委填写《西南交通大学 20××—20××学年第二课堂超学时选课学院汇总表》（下称《汇总表》）后，将《申请表》和《汇总表》纸质版交至综合楼 256 校团委青年发展部并将《汇总表》电子版发送至邮箱：swjtudektxmb@126.com。

第四章　第二课堂项目参与

第九条 学生通过"新青年素质网"的"第二课堂"版块进行选课，其登录账号密码同教务网登录账号密码一致。若登录密码遗失，可联系学院团委进行密码重置。

第十条 学生选课流程及常见问题解答详见微信公众号：SWJTU 大学生第二课堂的（微信号：swjtu2ketang）《共青团"第二课堂"信息平台学生操作手册》。

第十一条 学生选课成功后，按照课程要求完成项目参与和项目评价反馈者可获得相应学时，中途退出或未按要求完成项目参与及评价者，不能获得学时。具体项目学时认定由项目组织方在项目实施完成后确认，学生若对成绩有异议应及时与项目主办方取得联系确认成绩。

第十二条 学生进行第二课堂课程选课后，需按要求参加所选课程，若确实存在特殊情况无法出勤，可于退课期限内登录第二课堂信息管理系统进行退课。无故缺勤课程两次，取消本学期选课资格。

第十三条 学生参与第二课堂课程时，如存在代替签到行为，经相关课程负责老师、同学发现或检举属实，代替签到者与被代替签到者该课程分数记为 0 学时。屡教不改或情节恶劣者，取消一学期选课资格。

第五章　《大学生综合素质提升》课程

第十四条 《大学生综合素质提升》是西南交通大学第二课堂建设课程化的标志性体现，作为必修课程显示在学生教务成绩单，后附"西南交通大学第二课堂成绩单"。

第十五条 学生进入大四后（即第七学期时），由学院团委进行第二课堂学时审核及认定，按要求获得的第二课堂各模块学时，认定通过《大学生综合素质提升》，计入学生第一课堂成绩单。

第六章　第二课堂成绩单

第十六条　学生参与第二课堂七大模块内的活动课程成绩将被记入成绩单。

第十七条　在学生毕业时，第二课堂信息管理系统将生成经学校认证的"西南交通大学第二课堂成绩单"，作为学生在大学期间综合素质成长情况证明，与教务第一成绩单共同记录学生大学阶段成长经历。

第十八条　"西南交通大学第二课堂成绩单"以学生需求为中心、以社会需求为导向，强调科学性、客观性、价值性，作为学校人才培养评估、学生综合素质评价、社会单位选人用人的重要依据。

第七章　附则

第十九条　本办法自发布之日起实施，最终解释权归校团委。

附录 3-2：西南交通大学第二课堂成绩单示例

埃實揚華 自強不息

YOUTH SWJTU

获奖信息

获奖时间	获奖比赛名称	获奖等级
2018.09	西南交通大学"梦想演说家"比赛	校级一等奖
2018.09	第五届中国"互联网+"创新创业科技竞赛	国家级二等奖
2019.12	四川省广告艺术设计大赛	省级优秀奖
2019.12	西南交通大学废品利用环保设计大赛	校级三等奖
2019.12	西南交通大学"交通公益"志愿服务比赛	校级一等奖
2020.05	"五四青年"表彰大会	优秀共青团干部
2020.06	暑期"三下乡"优秀队伍表彰大会	市级优秀实践队
2020.10	西南交通大学优秀个人荣誉	优秀学生干部
2020.10	第六届中国国际"互联网+"创新创业科技竞赛	省级三等奖
2020.10	四川省第十五届"萌芽杯"创新创业大赛	省级三等奖

任职经历

任职时间	单位名称	所任职务
第一学期:	2017级法学3班	班长
第二学期:	公共管理与政法学院青年志愿者协会 2017级法学3班	第一志愿队队长 班长
第三学期:	校团委助理团 2017级法学3班 西南交通大学演讲协会	副团长 班长 宣传部部长
第四学期:	西南交通大学演讲协会 2017级法学3班	宣传部部长 班长
第五学期:	2017级法学3班 校团委大学生第二课堂运营中心	班长 考核部部长
第六学期:	2017级法学3班 校团委大学生第二课堂运营中心	班长 考核部部长
第七学期:	校团委大学生第二课堂运营中心 2017级法学3班	理事长 班长
第八学期:	校团委大学生第二课堂运营中心 2017级法学3班	理事长 班长

竢實揚華 自强不息